U0367935

经济大趋势系列

海外淘金

全球房地产
投资手册

冯震华　黄宇婷
李丹婧　黄永明
著

清华大学出版社
北　京

图书在版编目 (CIP) 数据

海外淘金：全球房地产投资手册 / 冯震华等著 . —北京：清华大学出版社，2022.5
（经济大趋势系列）

ISBN 978-7-302-60508-9

Ⅰ . ①海… Ⅱ . ①冯… Ⅲ . ①房地产投资－世界－手册 Ⅳ . ① F299.1-62

中国版本图书馆 CIP 数据核字 (2022) 第 055910 号

责任编辑：顾　强
装帧设计：方加青
责任校对：王荣静
责任印制：沈　露

出版发行：清华大学出版社
　　　　　网　　　址：http://www.tup.com.cn，http://www.wqbook.com
　　　　　地　　　址：北京清华大学学研大厦 A 座　　　　邮　　编：100084
　　　　　社 总 机：010-83470000　　　　　　　　　　邮　　购：010-62786544
　　　　　投稿与读者服务：010-62776969，c-service@tup.tsinghua.edu.cn
　　　　　质 量 反 馈：010-62772015，zhiliang@tup.tsinghua.edu.cn
印 装 者：三河市金元印装有限公司
经　　销：全国新华书店
开　　本：148mm×210mm　　　印　　张：7.25　　　字　　数：138 千字
版　　次：2022 年 6 月第 1 版　　　印　　次：2022 年 6 月第 1 次印刷
定　　价：69.00 元

产品编号：090347-01

推荐序

这是一本有用的书。

当今世界充满了很多不确定性，总有人希望能在更广阔的天地里找到属于自己的确定性。本书的价值正在于此。

《海外淘金：全球房地产投资手册》可不只是用第一手的见闻，告诉你一些海外资产配置的小秘密。本书的 4 位作者都有相当丰富的海外生活阅历，或留学，或长期四处考察，或直接自助移民。他们用第一视角，将自己的这些亲历亲闻记录下来，变成方法论。既可以防止你一时的头脑过热，也足以让你领会到另一种异国文化。

书中有很多实操案例，给新中产的投资与人生选择打开了新的想象空间。

总的来说，这本书有 3 个亮点：

一是作者的亲身见闻；二是少为人知的细分投资方向；三是对海外投资趋势的分析。

这 3 点从微观到宏观、从实操到理论，勾勒出海外资产配置的三个维度，堪称全面。

其一，亲身见闻。

作者团队的足迹，踏遍了美国、英国、法国、日本、澳大利亚、加拿大、泰国……几乎囊括所有中国人感兴趣的海外投资地区。他们看过众多的项目，体验当地的生活，跟当地的房地产商和中介公司深入交流。

本书的所有内容包含了作者的感悟，是有温度的故事。如果冷冰冰的数字会让你有望而生畏的感觉，那这本书的其余内容会让你立刻回到现实，回到自己最熟悉的生活。

在投资美国的章节里，作者对美国相关的法律、哪些房屋细节容易吸引到买家、有哪些意想不到的销售模式等这类实际问题，提供非常具体和有效的解答。而这些内容，你在互联网上绝对搜索不到，其价值不言自明。

在投资东南亚的章节里，作者把新加坡政府形象地称为"管家"，这源自作者在新加坡生活的经历——随处可见的政府指引、分隔明晰的房地产市场、极为细致的公共服务……只有经历过，才会有如此细腻的文字表达。

其二，细分投资方向。

一提到房地产投资，很多人的第一印象就是买房。但这本书会告诉你，全球房地产投资绝不仅是到海外买一套房子这么简单，你甚至还能在这个过程中感悟到多样的人生。

比如，买房在日本和欧美是完全不同的市场业态。在日本，根据你的预算由低到高，可以购买的物业从十几平方米的小公寓，到一整栋大楼，再到极具日本风情的传统町屋，是一个很开放的市场。至于欧美，因为发展历史悠久，能够投资的标的和方向更为丰富，可以投资带花园的大木屋，也可以买下拥有健全服务的新式公寓，还可以直接投资土地，实现收益最大化。作为国际买家，我们也可以购买房地产投资信托基金（REITs），完成足不出户的投资。

在英国，尤其是伦敦，因为几百年的文化遗留，市中心本应再无新房可供投资。但随着近十年兴起的城市更新，越来越多高价值的传统地区被重新规划，有了建造新房的空间。另外，每年大量涌向伦敦留学的群体也支撑起了学生公寓的市场。这两点也属于英国的细分投资方向。

总之，海外房地产投资绝不仅仅是买一套房子这么简单。即便就是去买房，不同地区也有各自不同的投资方式，这本书对此做了很好的阐述。

其三，海外投资趋势的分析。

对于海外房地产投资，我们大多数时候都是在国内完成决策，信息差非常明显。这就意味着，这件事情所蕴含的风险，天生就不比其他投资小。尤其是海外商业地产的投资，资金规模大，牵扯到的行业链条更为复杂，一不留神就可能掉入陷阱，或是赶不上当地政治经济局势的变化。

这些天然的缺陷，要求投资者：一是必须具备对风险的敏感度；二是必须读懂大趋势的变化，提前布局，未雨绸缪。

本书第一章用整个章节去展示当前中国房地产市场与海外市场的异同，指出我们如今面临的投资宏观环境，以及如何做出应对。

这里说的趋势分析，不仅仅是某个地区未来的升值空间，也包括监管的细节。例如，在东南亚的大多数国家，你不可以直接购买带有土地的房屋，但在欧美，你甚至可以只进行土地投资。二者之间的监管差异，如果我们不了解，就容易吃闭门羹，甚至触犯当地的法律。

在我写下这篇推荐序的日子里，世界局势变得更加波诡云谲，欧洲、北美、日本……世界各地的房地产价格均创出过去几十年的新高，海外资产配置自然也出现了许多新变化。例如，低碳环保的房屋是不是变得更受欢迎？市中心和郊区的房屋，到底哪个更有价值？美联储的加息周期会刺破哪里的房地产泡沫呢？

人类对更舒适、更安全、更友好的居住环境的追求一天没有终结，房地产市场就不会停下脚步。迁徙、定居、创造生活，这些举动的背后，除了欲望、智慧，更重要的是一分往外闯的勇气。而这分勇气，不仅在过去几百年间极大推动了城市化的进程，更是千万年来缔造文明世界的最强原动力。

国际数据公司（IDC）中国区总裁

2022 年 4 月 12 日于北京

序

　　我们正在迎接一个完全未知的世界运行逻辑。

　　21世纪以来，尤其是2008年金融危机后，全球大放水，给市场提供了超过预期和实际的流动性。

　　2020年，新冠肺炎疫情危机发生后，各国央行更是推出远超2008年力度的宽松措施，不惜一切代价挽救经济。这些宽松刺激，大部分流到了股市、楼市、债市、基建，却流不进最需要的实体经济，造成了两个后果。

　　第一，资产价格疯狂上涨，十年翻十倍的资产随处可见。能够敏锐把握这波上涨的时代潮流的人，越来越富有。

　　第二，很多国家的央行夸大了宽松刺激的作

用，失去了节制。政府疯狂举债放水，还不上怎么办？答案是用更多的信用去填坑。最近几年，西方国家甚至出现了"左手发债，右手印钞"的"现代货币理论"，极大地扰乱了经济秩序。

在 2020 年新冠肺炎疫情期间，美联储的一个举措令人震惊，那就是"无限量"地购买国债。连全球最大经济体的央行都决定没有节制地购买国债，往市场中释放流动性，那其他小的经济体为了避免利差过大，也只能被迫跟随。

不断印钞放水会导致信用越来越不值钱，体现在利率上就是一路走低。这是历史上颠覆人类认知的时刻。

外部环境越是混乱和不确定的时候，越是要坚定自己的独立判断，以及顺应趋势。具体来说，需要做好资产的配置。制定家庭资产配置方案一定要提上日程了，这包括三个部分。

第一，不要轻易放弃在中国的投资。如果在国内有很好的投资，比如稳定的生息资产，不要放弃，继续持有。中国经济韧性十足，国运更是一路向上，未来十年或许是"西方不亮东方亮"的时代。

第二，不要把鸡蛋放在一个篮子里。我们要学会用全球视角去看待问题，站在更高更广的地方去理解世界运行的逻辑。

海外资产配置，核心是对冲风险。而对冲的核心是两个：以小博大和套期保值。以小博大指的是要敢于利用资金杠杆的作用，比如找到海外可以贷款的资产。套期保值指的是买入现在，卖空未来，或者反过来。比如当国内资产有风险的时候，提前在海外布局资产，以备不时之需。又比如当海外优质资产不多的时候，重仓国内资产，跟着国运一起走。分散投资不等于国内国外资产对半，主战场还是应该在国内。

第三，对财富的认知要与时俱进。绝大部分人对于理财的理解还停留在把钱扔到银行里放着。但是随着利率不断波动、银行收紧保本理财产品，这个时候应主动寻找更能保卫资产的方式。

彭博新闻社的创始人迈克尔·布隆伯格曾言："柏林墙倒了后，这个时代最大的焦点由政治变成了经济，财富成为最重要的命题，钱从哪里来，到哪里去……我们抓住了这个大势。"

1990 年中国股市诞生，1998 年楼市商品化，财富意识在中国人心中萌发。人们不再只满足于温饱，开始有了如何让财富保值增值的焦虑。

消除信息不对称，建立一个靠谱且可实操的认知套利体系，帮助更多人获得财富，意义不比推倒柏林墙小。

简单说，就是帮助中国一代人完成财富升级和认知升级。在这个过程中，需要用全球化的目光去观察这个变革动荡的世界，主动改变以往的固有认知，共同找到全球范围内的掘金机会，然后完成决策，打赢财富"保卫战"。

目录

目录

第一章

海外资产配置正当时

第一节
百年来最大变局正在发生 »»»»

2018 年发生了三十年来的最大变局，过去十年的宽松刺激时代宣告终结。

然而，2019 年，全球新一轮的宽松周期就又开始了，甚至还出现了负利率、"现代货币理论"（modern monetary theory）等一系列令人匪夷所思的现象。

2020 年，新冠肺炎疫情令所有事情都发生了变化。世界主要国家和城市的房价都涨。比如北上广深，2020 年的 5 月到 10 月，新房价格环比上个月全是正增长。其中广州更是从 7 月开始一路领涨。再比如美国、英国、日本这些成熟市场，无论是房价还是成交量，都从下半年开始急剧反弹。就连东南亚这些发展尚未成熟的市场，二季度的房价仍然是正增长的。加拿大、澳大利亚这些受华人影响很大的市场，房价也触底反弹了，涨势甚至延续到了 2021 年。

这些国家的房子本来就是这个世界上相对确定、保值或者有潜力的资产了，但仍然能给人惊喜，有些地方甚至创下了史上最高交易价格的纪录。

经济增长和通胀也在跳出低谷。这样的反弹，是壮观的景象，也是狂欢的盛宴。仿佛新冠肺炎疫情只是发生在另一个平行世界里。

这就是**全球大宽松的结果**。全球信用宽松推高资产价格上涨，从 2008 年金融危机后开始成为世界运行的主逻辑之一。本来以为信用扩张会在全球紧缩的 2017 年宣告终结，没想到不到一年时间中美就发生了贸易摩擦，带着世界继续俯冲。

2019 年在某种意义上更是可以被称为"低利率之年"，超过 30 个国家的央行下调了利率，把前所未有的流动性抛向了市场。

2020 年就更夸张了，各国都是拿出了战时水平来应对疫情，美国直接发钱，欧洲国家则给那些在家办公的工人发工资。

钱从哪里来？发债印钞！不管赤字也不管债务，稳住当下的社会信心，防止出现政治问题，才是要紧事。

一、变局一　严重分化

在全球楼市和股市的盛宴背后，是**一个严重分化的世界**。

从地域上看，国际一线城市的郊区涨得比市中心好；从类型上看，豪宅成交情况比普通住宅好。

全球的富人们，2020 年仍然在"买买买"，甚至越买越多，资产的雪球越滚越大！

美联储 2020 年 10 月发布的数据显示，疫情加大了美国的贫富差距！全美前 1% 的富人净资产总额达到了 34.2 万亿美元，而 1.65 亿财富水平在后 50% 的人，总共只有 2.08 万亿美元的资产。

疫情冲击经济，政府央行"放水"救市，富豪越来越富，没资格进场的人只能看着银行账户的数字瑟瑟发抖。在这种分裂下，往头部和尾部流动的不仅有资产，还有购买力。

疫情之下，日用品消费低迷，奢侈品消费在升温，上海的LV① 旗舰店，2020 年 8 月的销售额达到了 2200 万美元，刷新了历史纪录。

然而奢侈品远不能代表全部商品，奢侈品之外还有大量的生产剩余没有办法被大众消费掉，造成了过剩。

疫情之前也有过剩，但那时候钱是稀缺的，流动性紧张，价格在跌。但 2020 年铺天盖地的钱凭空出现，钱和商品一起过剩。想要买到更多的商品，就得花更多的钱，从数据上看反而是价格更贵了。不是消费需求没了，而是购买力没有以前那么强了。

有效购买力不足的情况，不是发钱撒钱就能解决的，甚至钱越多，问题越严重。

互联网使垄断和贫富分化更加显而易见。1% 的人掌握 99% 的财富，但在财富更集中的互联网时代，最顶尖 0.01% 的人，也已经把剩余人群中顶尖 1% 的人远远甩在身后了。

二、变局二　反垄断

2020 年下半年，"双循环"正式上升为国家战略。2021 年不仅是"十四五"元年，也是"双循环"战略开始深刻改变中国人生活的元年。

---

① LV：路易·威登（Louis Vuitton），法国奢侈品品牌。

过去 40 年，中国之所以能够赢得发展奇迹，就是因为顺利融入了资本和商品的全球大循环，享受到了全球化的红利。

转向以内循环为主的新时代，就意味着中国经济模式要重构：刺激内需是核心。新的消费动能要出现，新的创新技术要冒头。

现在的问题不是缺钱，而是缺乏有效购买力。唯一的办法是打破垄断，把头部聚集的资源和生产资料释放出来。这五年来的房地产是这样做的，现在轮到互联网和金融了。"房住不炒"，其严厉程度不亚于五年前的"330 新政"。

消费不足只是表面，背后的创新不足更值得深思。一个浅显的道理就是，平台应用的发达并不代表底层技术的发达。而发达的平台应用，又往往不会倒逼底层技术的革新。

无论是贫富分化撕裂社会，还是内循环为主重构中国经济，殊途同归，打响了对抗资本寡头化的"战役"。

三、变局三 从宽松转向紧缩

拜登上台，除了抗疫，绿色能源政策和公共福利还会需要更多的财政支出，在已经疲软的经济环境下，财政赤字压力空前加大，债务泡沫更是越积越多，继续印钞放水是合理的。

其他经济体也一样，比如英国，为了补贴那些在新冠肺炎疫情中失业的工人，财政预算达到了近 300 年来的新高。

全球都还在继续突破财政赤字和债务的限制，印钞放水，加杠杆解决燃眉之急，把危机一再往后推。**赤字压力、债务压力、通胀压力的"三座大山"终将被清算。**高赤字还不上债，高通胀

要求加息就更还不上债。高通胀还会溢出，对中国等国家造成输入型通胀。

中国面对这一切，开始了新一轮的控杠杆：

第一，结束阶段性的货币宽松政策，降低降息的预期；

第二，监管层频频警告影子银行，防止"死灰复燃"；

第三，给民间借贷设红线，防范系统性债务风险；

第四，央行、住建部召集大房企面谈。

四、个人如何做

面对正在发生的巨大变化，要注意以下 4 点。

第一，中国会继续加强监管。 海外加杠杆的复杂影响，中国高层已经看见了。未雨绸缪是中国人的智慧。再加上资本寡头化的影响越来越大，社会化去杠杆轮到由富裕阶层来承压。接下来加强资金监管、税务监管迫在眉睫。

央行数字人民币就是加强资金监管的动作之一。

央行掌握了交易数据，自然就能加强其在洗钱、恐怖活动融资等方面的监管。

税务监管方面，2020 年 11 月 13 日，国家税务总局公布了金税四期决策指挥端之配套功能建设项目的政府采购意向公告。金税工程是中国税收信息化的总体目标，也就是要更细致、更全面地了解中国企业和税收居民的信息。资产全透明时代到了。

第二，投资者要保持配置意识和分散意识。 放眼全球，在绝大多数发达国家的首都，外国投资者可以买带有土地的房屋和公寓。带有土地的房屋包括独栋和联排别墅，在日本叫一户建。公寓包括共管公寓（condo）和服务式公寓（apartment）。在美国，投资者还可以交易土地，成本比不动产低得多。

东京、伦敦、纽约、新加坡……一大批全球一线城市任君挑选。同样的付出，每年收到的租金却能够比中国城市高不少。

除了投资房地产，还可以投资股市，甚至还可以投资矿山，输送给"一带一路"沿线的工程，或者到世界各地去开奶茶店。配置了手里的钱，还要有身份配置的意识，这样才能相辅相成。

第三，既然只能赚到认知以内的钱，那么更新认知就很重要。

比如，中国楼市大分化。比如，一定要买资产，拿着现金很危险。

贫富大分化之下，没有资产的人就只能成为弱者。全球大放水，推高资产价格，只有躬身入场，才能分得红利。

中国人最容易接触到的资产，除了房子就是股票。但对于普通人来说，用闲钱、借"基"入市、看大趋势才比较稳妥。实在不行，先精进一下理财知识也可以。

第四，押注永恒不变的东西。

越是在充满不确定性的时代，越是要拥抱确定性的资产。用找寻价值股的方式来看，就是要寻找到拥有明确上涨逻辑的资产。

比如买房，最本质的指标就是人口的流向。在美国，越来越多普通人，乃至明星都纷纷选择搬离加利福尼亚州去得克萨斯州。那么，加利福尼亚州虽然是传统投资热地，但得克萨斯州明显增长空间更大。

如今，全球的价值体系都在重构，新的机会在各个角落孕育。进行全球化布局，选择能够获得稳定回报的地方，才是审时度势之举。

真正有野心布局的人早已行动。每一个勇于布局海外的人，都值得被尊敬。

第二节
全球化布局思维 >>>>

从过去 5 年的一连串世界变化可以看到：

（1）中国投资者越来越受到全球因素的影响，不管是汇率、新冠肺炎疫情"特朗普现象"还是地缘冲突。

（2）这种影响深入到了个人微观层面，影响投资者的钱包，影响投资者的人生选择。

（3）归结为一句话：波动和不确定性正在成为时代主题。

在这个全新的时代，在这个剧烈变动的环境中，一定要有全球化布局思维。

中国与世界的关系正在发生改变，融为一体，彼此影响。

更深层次的问题是，社会环境越来越具有不确定性，以及存在由不确定性引发的安全感问题。

比如，举着火把快速穿过一个火药厂，你最后可能仍然活着，但你需要冒巨大的风险。

安全感成为这一代中国人的一个心结。雾霾、教育……每一个人面对这些问题时都是弱小的。

面对这些问题，局限在一个区域中经常会无解，若有全球化布局的思维就会豁然开朗。

全球化思维不一定要马上"出海"投资，但在做决策时，一定要有这种理念。它包含以下几个层面。

一、千万不要全押注在一个地方

第一个层面，从财富管理的角度，应对"不确定性"最主要的策略就是"配置思维"，通俗来讲，就是"鸡蛋不要放在一个篮子里"。

在澳大利亚买了房子，就是在对冲国内楼市泡沫的风险；在美国买了股票，就是在对冲汇率下跌的风险。对未来的各种可能性进行谋篇布局，就是在对冲不确定性。

根据世界银行、国际货币基金组织的研究数据，自20世纪60年代以来，一共有101个新兴工业国家进入中等收入阶段，但只有13个国家成功跨越"中等收入陷阱"成为发达经济体。也就是说，高达87%的国家绕不开这个"陷阱"。

中国一定绕得开这个"陷阱"，但理性的做法是重点押注中国，但也一定要有合适的配置与分散，全押注在一个地方，押上的是整个人生。对不确定性的各种后果有了预案，其实就不会恐惧。

这并不是全球化布局思维的全部。

二、复制中国式奇迹

第二个层面，全球化布局的思维，除了安全，还在着眼机会。

资产荒，楼价太高，股市太不稳定，互联网金融一片乱象。钱往哪里投是个问题。这个时候向外寻找合适标的，其实是钱的本性驱动。

中国人出去还是爱买房，这几年可以看到一个很有趣的现象：全球房价飙升路线图与中国人海外投资的路线图基本是吻合的。中国人每到一个城市买房，那个城市房价就涨。而且，原来国外并不强调的学区房概念也被炒了起来。北京、上海、深圳的投资者，到任何一个国外城市，都觉得房子好便宜。

在东京，80万元人民币就可以买到核心区的房子，而且除去房产税之后的年租金回报率能达到5～8个百分点，很多人都不信，但这就是事实。

越来越多的人体会到，选择海外的投资并没有那么难，其实就是把国内经验移植到更广阔的区域。

很多企业也在行动，像字节跳动、阿里、腾讯等互联网企业，更是把国际化当作互联网下半场的重要命题。现在正在兴起一股互联网企业"下南洋"的风潮。它背后依据的一个理论就是：中国走过的这条路，后发国家会再走一遍，当年中国是怎么涌现出人口红利、工业化红利的，这些国家会同样出现，可以提前去布局，然后获得收益。

但这还不是全球资产配置的全部。

三、红利的放大

第三个层面，即使投资者只对中国经济有把握，只对中国的红利更看得清，也可以用全球化的方式来放大这种红利。

一个典型的思路就是复星集团董事长郭广昌于 2015 年提出的"中国动力嫁接全球资源"理论，用大白话来说就是：

随着中国的发展，越来越多的行业，其市场占有率将成为全球第一，其份额大概会有 20% ～ 30%（这有经济学的理论依据，可推演，这里不展开了）。那么，投资者就可以看哪些行业有潜力，同时还没到 20% 的份额，就去买这个行业中全球排名第一、第二的国外企业和品牌，把它们引入中国市场来销售、发展。

比如，通过判断中国高端旅游市场会有爆发，复星就去买了世界上最大的度假集团——地中海俱乐部，买下来之后并不是做国外市场，而是引入中国市场来做，利润非常好。

这种模式是可以复制的，找到不同行业，一而再、再而三地做。比如去找最大的养老机构、医疗集团等。这是全球化资产配置的一种新思路。

四、自由

第四个层面，做全球化布局的最终目的是什么？是自由。

赚钱的目的是为了强大，因强大而独立，因独立而自由，从财务自由进而获得人生自由。

这种自由，在村里能自由选择，显然不如在县里能自由选择；在一个国家里能自由选择，显然不如在全球范围内可以自由选择。

从实践层面看，就比如利用全球的利率差进行配置。有人曾提出一个颠覆式的投资思路，叫作"把资产留在境外，把负债留在境内"。中国及日本、欧洲等利率低，可以从这些地方贷款借钱，借来的钱投资到美国，那里利率高，美国上市公司平均每年可以提供 3.5% 的股息回报率。

五、历史关口的选择

是否具有全球化布局的思维，将成为企业家阶层分野和命运分化的一个重要指标。这个指标的重要性就如：

1992 年你是否下海？

2002 年你是否进入房地产市场？

2012 年你是否转型"互联网 +"？

每一次历史关口的选择都决定了此后的道路。选择比能力重要。今天，是否具有全球化布局的思维将决定很多人的命运。

有个很有意思的观察，那些跨出自己区域的人，往往是人类中最勇敢、最有创造力的人，比如当年从印度去往硅谷的科技人才，当年从欧洲漂洋过海去往澳大利亚的移民。

第三节
中国房地产市场价格和租金的背离 》》》

根据海外掘金的独家研究数据，截至2021年第二季度（下同），全球租金回报最好的5座城市分别为：迈阿密、芝加哥、名古屋、奥兰多、休斯敦。全球租金回报最差的5座城市：北京、上海、广州、深圳和香港。

是否能够获得丰厚的租金现金流，这是动荡时代下最应该关注的投资要素之一。

租金回报率是用一年的租金收入除以房屋的总价，所以高房价的地方并不一定意味着高租金回报。例如房子上千万一套的中国香港和美国曼哈顿，租金回报率每年还不到3%。

与此相比，发达经济体的二线城市和新兴经济体的首都城市，因为大量的人口流入，租金一路上扬，而房价才刚刚开始涨，分子大，分母小，这些城市房屋的租金回报率因此非常可观。

租金回报率一般以3.5%作为分界线。租金回报率在3.5%以上的城市，可以认为房子很好租，整体房产的流动性也相对较强。反之，租金回报率在3.5%以下的城市，房价可能存在一定的泡沫，投机性需求会多一些。

但各个市场差异大，且信息是动态变化的，故仅供参考。

一、东盟

2021 年第二季度，菲律宾首都马尼拉的租金回报率再创新高，达到了 6.15%。除新加坡以外，主要城市的租金回报率都在 3.5% 以上，投资价值仍然非常突出。

二、日本

同期，日本的表现也非常突出。三大都市圈的租金回报率都超过了 5%，在分界线基础上几乎翻倍。三大都市圈的租金和房价都在涨，而大阪和名古屋的房价相对东京要更低，因此租金回报率更高。

三、欧洲

英国的表现最令人惊喜。无论是房价还是英镑汇率，都开始走出"脱欧"阴霾。其中英镑汇率更是大涨。

具体来看，二线城市利物浦房价涨幅处于全英榜首。伦敦相比上一次统计也有所上升。

法国和德国政府都严格控制房租和房价上涨，因此租金回报率一直稳定在 2% ～ 3%。但随着英国"脱欧"，一部分购房或租房需求可能会转移到这两个国家，未来的租金回报率值得关注。

四、澳大利亚和新西兰

新西兰主要城市的租金回报率涨幅明显，但主要因为房价仍然有所下跌，因此推高了租金回报率。

澳大利亚首府级城市房价触底反弹，悉尼和墨尔本领涨，在租金没有出现巨大变化的基础上，租金回报率就相对应地下降了，但仍然分布在分界线 3.5% 上下，没有下跌得太厉害。

五、北美

美国方面，主要城市的租金回报率基本能到 6%，一些低于这个水平的城市也只是因为房价太高而难以达到这个水平。基本来说，租赁市场需求仍然旺盛，尤其是在人口持续流入的二线城市，比如达拉斯、奥斯汀、波士顿。

加拿大方面，虽然房价开始回暖，但幅度相对澳大利亚仍然较低，整体租金回报率稳定在 3.5% ～ 4.5%。

六、结语

资产价格不是由其"成本"决定的，而是由盈利能力决定的。租金回报率就是按照资产收益来确定房价的资本化定价方法。

简单来说，如果买房后收到的房租还不如贷款利息，在房价不涨的情况下，这套房子就是在亏钱了。

利用本币的购买力去获取可观的租金现金流。在当下这个时代还在死盯着房价涨幅的人，注定要在楼市里死扛。

第四节
中外房价对比 >>>>

中国城市的房价，不亚于海外很多知名城市，如图1-1所示。

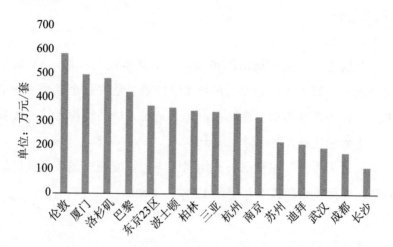

图 1-1　中国城市与世界城市房价对比（2020 年）

资料来源：各城市统计局。

图 1-1 中海外的数据用的是当地统计局或者土地局的数据，按照 2020 年 10 月的汇率更新成人民币计价价格。中国城市则用的是中国房价行情网的数据，以 100 平方米的住宅为基准，理论上中国的数据只会被低估而不会高估。

伦敦 VS 厦门

伦敦是英国首都、国际金融中心和全球超一线城市。但是伦敦房价竟然差点被中国的一座二线城市超过，这才是真正的"价格洼地"。

第一，厦门房价确实高。根据 2019 年的数据统计，当时的厦门房价，换算成美元计价大概是 53 万美元，2020 年已经达到 76 万美元。这里面当然有人民币升值的影响，但根据中国房价行情网的数据，厦门二手房价同比涨幅确实也达到了 10.5%。拿 80 万美元出来，在全球各地都基本能选到心仪的好房子。

第二，伦敦的房价阶梯性很明显。伦敦是全球富豪的"资产保险箱"，上亿的豪宅在肯辛顿宫附近比比皆是。但整座城市的房价均价才不到 600 万元人民币，说明也有不少地区的房子很便宜。因此，从 35 万英镑到 80 万英镑，不同需求和预算的买家都能在伦敦找到合适的房子，给资产上保险。

芝加哥 VS 武汉

芝加哥是美国第三大都市，地理位置上南北通达，通过运河与铁路串联各地，是美国最大的交通枢纽。芝加哥的工业体系从煤炭工业到现代贸易和食品加工，顺利完成了转型。芝加哥在建市初期，是世界范围内最快到达百万人口的大都市。那段时期芝加哥市中心的土地价格，可以两年间从每平方米 100 美元上涨到每平方米 3500 美元，一年后又飙升至每平方米 1.5 万美元。因为芝加哥所在的区域是美国最大的谷物种植和畜牧养殖区，五大湖地区又蕴藏了丰富的铁矿、煤炭及有色金属。到了现代，芝加哥的城市规划对标巴黎、悉尼和新加坡，也就是全球的一线城市，仅次于伦敦、纽约和东京等全球超一线城市。在中国，有一个城市在各方面都和芝加哥很像，那就是武汉。

然而，武汉的房价已经完全把芝加哥甩在身后了。2020 年，武汉才刚刚挤进中国城市 GDP 前十。芝加哥城市地位高，人口多，房价却仍然不高，在美国一堆大都市当中都基本属于第三档次了。

迪拜 VS 三亚

三亚的房价超过了迪拜。迪拜这个城市富得流油，遍地富豪，宝马则是警察的座驾，因为要抓的贼都开着保时捷……但是，根据中东统计机构 ValuStrat 的月度报告，2020 年 11 月，迪拜所有区域的房价都跌了，最高跌幅 16.8%，并且从区域分布情况很容易看到，一半以上的区域房价都不到 200 万元人民币。令人惊叹的房价其实也就集中在棕榈岛附近那一块。但迪拜确确实实又是阿拉伯世界的中心，作为沙漠城市，却完全没有荒漠之感，高楼林立，经济发达。反观三亚，海南还没有完全成为国际旅游岛，房价就已经上天了。本应该在消费上体现"富人的天堂"，结果让房子变成了主角。

总结

任何一个大国都不可能靠房地产来完成崛起。中国一线城市房价已经属于全球顶尖水平，连二线城市房价都在超英赶美。更严重点说，中国房价问题已经阻碍了社会的正常流动，必须要加以控制。长期来看，国家会持续严控楼市、严控房价。

要是想出租房子获取稳健的现金流，海外显然有更多的机会。不少投资者都是在保证国内投资的前提下，到海外去布局资产。在还没有疫情的时候，他们一放假就飞到当地度假，其余时间就把房子出租给当地人，赚租金。资产配置，就是为了夺回生活的主动权，而不是成为资产的奴隶。

第二章

为什么全球资金都在涌入日本
房地产市场避险

日本房地产市场同其他发达国家一样火爆，但不同的是，日本楼市显现出更强的国际资金涌入避险的特征，甚至被看作"避险圣地"。尤其是日本东京商业不动产，是全球最抗压的资产选择之一。普华永道的报告指出，海外投资者普遍看好日本市场的超低利率、资金进出的灵活性、充足的现金流以及相对独立和充分发展的日本国内市场。

第一节
海外投资首选 >>>

50万元人民币在中国投资房产，可能只能买到北京、上海、广州或深圳的一个厕所。但在日本这个发达国家，却可以在首都东京拿下一套房。租金回报率还出奇的高。

用50万元人民币买一个东京的小投资房，每个月房租就能有30 000多日元。

一、稳健的租金现金流

日本的三大都市圈，2019 年以来租金和房价都在持续涨，特别是东京的二手房价。大阪和名古屋的房价相对东京要更低，因此租金回报率更高。

房产的稳定性高，我们从疫情这只"黑天鹅"对日本房产的影响中能窥探出一些端倪。

因为疫情，成交量确实受到了打击。根据东日本不动产流通机构的数据，2020 年第二季度（也就是第一波疫情影响最大的 4—6 月），首都圈二手房总成交套数为 6428 套，同比下跌了 33.6%，而成交的单价仅下跌了 0.4%，几乎没变。

在 4 月日本疫情日趋严重（发布紧急状态）的时候，《南华早报》的地产板块刊发了一篇名为《日本黄金地段店铺地产最高打七折，香港投资者被吸引入场》的文章，文中指出，即使新冠疫情爆发以及东京奥运会的推迟影响了这个全球第三大经济体的景气度，香港投资者仍愿意购买日本房地产。

一个成熟市场所带来的需求是非常稳定的，即使受到"黑天鹅"的冲击，也有一定的弹性。

二、稳健的政经关系

现如今，日本的发展稳定而且透明，政经表现仍然平稳，和中国也在不断建立战略合作……

2019 年，德国的保险巨擘安联保险重金投入东京房地产。而日本的企业巨头还在疫情中"捡漏"全球资产。

作为全球最安全的公司，安联选择日本东京做海外资产配置，本身就说明了很多问题。

三、稳健的房地产投资

日本已经成为稳健型投资者最青睐的选项。如果用 50 万元人民币进行资产配置，日本东京的房产便是首选。

因为这个总价已经能够拿下东京市区（相当于北京的五环内）的投资房。除了钱花得比其他国家一线城市少，它还拥有以下其他发达国家没有的投资优势：

（1）日元是全球公认的避险货币。

（2）东京是全球城市 GDP 排名第二的城市，每年人口流入达到 10 万以上。

（3）东京的地价只有 20 世纪最高时的 1/3，同等地段的价格只有北京、上海的一半；二手房价以每年 3% ～ 6% 的涨幅增长。

（4）租赁市场需求强劲，空置时间短。

（5）地理距离近，易于打理。

（6）买房时本人可以不到当地，直接在国内办完所有购房手续。

（7）房屋的打理全权交给专业管理公司，少操心。

......

相比之下，在其他发达国家投资的劣势就显现出来了。

加拿大

若想在加拿大的温哥华、多伦多买到一套可投资的公寓，价格要在 200 万元人民币左右。政府还出台了限制海外买家的购房政策，比如征收海外买家税、限制国内银行给海外买家贷款，等等。

美国、英国

美国和英国的购房起步价也比较高。50 万英镑能在英国的二线城市如利物浦或者曼彻斯特买到一个小套房，而且也要承担中途转租空置时间长的风险；而在美国的一些强二线城市如波士顿、西雅图，这样的预算绝对买不到好房子。

英美两国经济发展仍表现强劲，是很不错的投资标的，但如果想投资一线城市，购房门槛比较高。

四、资产配置

经济不好时，要给资产上保险。经济学家们预测未来十年，钱将越来越集中于顶层 5% 的人，而中产则是最可能资产缩水的一群人。

如今，中国人的投资触角也乘着全球化的东风伸向了全世界，海外投资并不遥远。

那么，该怎么分配我们的家庭财富？根据资产的属性，可以制订一个清晰的资产配置计划，如图 2-1 所示。

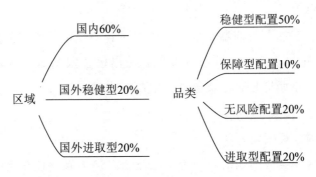

图 2-1　家庭资产配置计划

选择产品的品类时，考虑到当下经济衰退的情况一时无法扭转，因此要适当多配置稳健型资产，推荐拿出家庭资金的 50% 进行配置。此外，还要给稳健型资产上保险，这就需要配置保障型资产，建议拿出家庭资金的 10% 进行配置。

而一些进取型的资产（这类资产的风险较高），则应该适当减少配置。以前经济向好时，推荐 30% ～ 50% 的比例配置，但目前最好减少至 20% 左右，在即使失去了也不会影响个人生活品质的前提下，再考虑增加配置。

在区域选择上，大部分钱还是可以放在国内，毕竟中国的经济仍在上涨，而且整体抗风险性也较高，区域发展还会带来不错的机会。

所以，这里推荐 60% 左右的资金可以投入国内的资产中。而剩余的 40% 就可以考虑按品类投在国际上有确定性的资产。

对于保守型投资者来说，遵循"不明白不投"的策略，那么要投资海外资产，逻辑最清晰、摸得着看得到的好资产就是房地产，而最有确定性的国家当属日本。

第二节
持有成本 >>>>

一、买房时的税费及其他费用

买房中所要缴纳的税包括：登录税、房产取得税、印花税，而交易时的其他费用则有中介费、产权转移登记手续费以及 5 年或 10 年的地震火灾保险。

1. 登录税

登录税全称为"登录免许税"，是日本注册房地产时必须缴纳的税款。除了买房时需要注册登录以外，包括大多数登记项目，例如所有权保留登记、所有权转移登记、抵押设置登记都会有这部分税费。税率是土地评估价格的 1% 或房产评估价格的 0.3%。

土地评估价和房产评估价都是日本国税厅每年都会公布的路线价，这是课税基准值。而这个价格是市面价格的 80% 左右。另外，房产评估价格则是房价的 60% 左右。

2. 房产取得税

房产取得税也叫不动产取得税。这是日本都道府县政府对购置房地产的人征收的税，这个税只需缴纳一次，建造、扩建房屋时，都不需再征收。房产取得税的税率是土地评估价格的 1.5%、房产评估价格的 3%。

这部分税费不是交易时收取的，而是交易完成半年后，由各地国税局再向购房人发送信件收取的。

3. 印花税

印花税在日文中写作"印紙税"。是对诸如销售合同、其他合同和收据之类文件的征税。支付的税额取决于文件的性质和规定的金额。投资者所要缴的印花税是贴在房屋购买契约书上的印花税票。费用视房价不同而定。

交易时的其他费用有：

（1）中介费：交易价格的 3% + 6 万日元 + 消费税。

（2）产权转移登记手续费：代办房产交易手续的司法书的人工费；费用 5 万～ 10 万日元不等。

（3）火灾险：这个部分是可选择性的，若不想购买则可以不买。一般 5 年的火灾保险费用在 5 万～ 6 万日元。比如，在东京台东区的一套 15 平方米、1985 年建的投资房产，5 年的火灾、地震险保费为 56 220 日元。具体保费多少会根据房屋建筑的情况（房屋所在地地价、筑成年限、房屋折旧状况、周边环境等）来做评估。

举个例子：一套原价 2250 万日元的房产，登录税以及房产转移登记手续费 17.106 万日元，火灾险 5.098 万日元，印花税 1 万日元，中介费 80.85 万日元，房产取得税半年后才交，所以不算在本次交易中。算下来，总的花费是 104.054 万日元，是 2250 万日元房价的 5%。

一般而言，交易中的税费是房产价格的 6%，记住这点就行了。

二、持有房产时的成本

长期以来，"持有成本高"是人们对日本房产的最大偏见。但计算一下就知道其实并不算多高。

持有房产所需缴纳的税费包括：固有资产税、都市计划税和个人所得税（报税的时候还需要请税理士）。

而平日里房屋的托管、物业、房屋修缮所要的花费有：物业管理费、修缮积立金和房产托管公司的雇佣费。

（1）固有资产税＋都市计划税

这两个税简称"固都税"，即为日本的房产税，每年征收。固定资产税交给日本政府，都市计划税交给地方政府。一般而言，固都税是房产交易金额的 0.2%～0.3%。

结清房款的时候才开始缴纳固都税。比如在一年过半时付完尾款，那么固都税也只需要缴纳一半，不需要帮前房东多付这部分钱。而这个税务在房屋买卖的精算单上也会详细提及，如表 2-1 所示。

表 2-1　房屋买卖精算单

固都税	17 456 日元	我方支付
		a：年税额：（2019 年度）24 667 日元
		b：清算期间：2020 年 4 月 17 日到 2020 年 12 月 30 日（259 日）
		计算公式：24667/366×259=17 456（日元）

这套房的房价为 920 万日元，而 2019 年度的年税额是 24 667 日元，是房价的 0.27%。

（2）个人所得税

个税是自主申报的，如果要报这部分税，日本要求一定要聘请一位税理士（类似于国内的税务会计师），每次做一个房产个税申报的费用是 2.5 万日元。根据日本法律规定，净租金收益 38 万日元以内是免征额，超过部分实行阶梯式的税率，195 万日元以内实行 5% 的税率。

100 万人民币左右的房产投资，个税对收益产生的影响基本可以忽略不计。

（3）物业管理费 + 修缮积立金

这部分也合称为管理修缮费，是每个月固定要交给你所购买房屋管理组合的服务费用。不同的房子管理公司不同，报价也不同。

但有一个规律，就是越老、区位越核心的房产，这部分费用也就越高。一般而言，小户型投资公寓的管理修缮费在 8000 ～ 12 000 日元之间。

（4）聘用托管公司的服务费

如果不会日语，不懂得房屋出租信息该登在哪个网站，不知道房屋损坏了该找哪家维修公司便宜，也不懂如何跟当地物业打交道，就一定要聘用一个靠谱的托管公司。

托管公司的服务费一般是租金的 5% 加上消费税，按月结算。优秀的托管公司在为你申报税费的服务上还会收取一定的税务服务费用，而维修房屋也会收取一定的翻译费和服务费。

算下来，一年的持有成本是多少呢？如果不报个人所得税，一年要交的持房费用就是固都税、管理修缮费、托管费这三个费用。持房成本大约占房价的 1.5% ～ 2%。

三、房屋出售时的税费

出售的费用种类就少多了，但是如果卖的时间不对，它的花费可能比上述两个费用都高。

房屋出售时只有两种税费：中介费、增值税。但为了避免人们炒房，日本房产增值税的税赋较重。

（1）中介费：3% + 6万日元 + 消费税。

（2）增值税：5年内，增值部分的税率是30%；5年及以上税率为15%。（增值部分可抵扣）

举个例子，王先生购买了1000万日元的东京房产，5年后以1200万日元卖出。增值部分为1200万 -1000万 -150万（预计可抵扣金额）=50万（日元），而增值税则是50×15%=7.5万（日元）。

但如果他在5年内以同样的价格卖出，增值部分一样是50万日元，可增值税就变成了15万日元。

第三节
不同预算怎么买 ≫≫≫

一、50万～200万人民币

50万～200万人民币，这个预算是买日本房产中最主力的部分。不超过百万元人民币，就能持有日本资产。长租房首选东京

23 区，其次是大阪主要车站附近。（比如心斋桥、难波、梅田、新大阪）

东京 23 区的面积相当于北京的五环、上海的外环以内，在这里买房就相当于在国内这两座大城市的核心区内购房。

这样的预算，可以在东京 23 区买一套 20 平方米左右的单间公寓。比如在东京墨田区，52 万元人民币能够买到一套不错的房子，如图 2-2 所示。

图 2-2　东京某套单间公寓

套内面积 16.5 平方米，每个月租金 3318 元人民币，扣除税费和各类管理修缮费的净回报约为 5.86%，还不包括一年来的日元增值和地价增值。

在东京 23 区，60 万元人民币左右的二手房少说有几千套，比如相对外围的葛饰区、江户川区，比这价位还低的小公寓非常多。在这些房子里找到最具性价比的投资房，需要认准以下几点（重要性从高到低）：

（1）在重要地标附近，或者人流多的商圈。

（2）步行 5 分钟到小地铁站，步行 10 分钟到大地铁站（JR山手线）。

（3）成本、管理费在平均范围内，不会过度挤压利润。

（4）正在出租中。

（5）房屋本身品相佳，易于出租。

二、200 万～300 万元人民币

在熟悉日本投资环境后，多数人会进阶投入，将预算提升至200 万～300 万元人民币。

注意，这里说的预算档位，是指拥有充足的准备投入日本市场的现金，而非贷款之后的总数额。这两个区间比初阶的小公寓多出一个很明显的好处——带整块土地。这意味着投资者能在法律允许的范围内在地上盖任何想盖的房子，而且土地的购买也利于资产的形成。

目前，预算 200 万～300 万元人民币可以在东京买到的公寓大致有三种：

（1）东京市内较新的二手单间。

（2）二手较老两房。

（3）全新的大开发商建的投资型房产。

一言以蔽之，这个预算在东京投资，高不成低不就，性价比低。

然而，东京不行，可以选择大阪。在大阪，这个预算能轻松买下一个带土地、品相如同新房的民宿。

因为民宿是短期住宿，所以收益往往会比东京的长租房高不少。大阪是民宿特区，申请民宿的门槛相对更低，而且可以 365 天全年经营。在东京和京都不行，这两个城市一年中只有 180 天可以经营，而且不同区的限制不同。

大阪连年成为全世界喜爱的旅游目的地，而外国人去关西住得最多的地方就是大阪市内。根据大阪府发布的数据，从 2013 年至 2017 年间，赴大阪府旅游的游客中有 84% 的人选择居住在大阪市。大阪市平均每年承载 2477 万人次的住宿需求，也就是说平均一天有 6.8 万人在大阪旅宿！

大阪的房价是东京的一半。在大阪，一户建的平均价格约为 3100 万日元（约为 198 万元人民币），所以预算 200 万～ 300 万元人民币，完全可以在大阪拿下一套带土地的一户建。

2024 年，大阪的梦洲博彩旅游度假村很可能将建成，2025 年世博会也将在大阪举行，这两股力量将提振大阪的旅游业，去大阪旅游的人数将继续上涨是毋庸置疑的。

用 200 万～ 300 万元人民币预算买大阪的底气包括：第一，人口持续流入，第二，民宿比长租更赚钱。所以买大阪的民宿，可以把预算中的每一分钱用到极致。

三、300 万元人民币以上

这个预算可以将投资升级到经典的日式町屋了。町屋是"民家"（日本住宅的一类）的一种，是提供给商人居住的，同时带有店铺的都市型住宅，也叫"町家"。跟"民家"相同的一种形式叫"农家"，它与修门的地基往内延伸的主屋相比，具有沿街均等并排建造的特点。随着经济的发展，商人积累了资本，在明治时代建造了像现在的川越那样的藏造式建筑（日本传统建筑样式），形成了亮丽的风景线。町屋在日本很多地方都有保留，这些町家在技术上和外观上都体现了日本住宅水平的高度。说到日式町屋，不得不提的就是京都这座城市。

京都是一个比东京还往南，夜间却比东京还冷的城市，地形上是四面环山的盆地，地震很少，是日本最具代表性、最有贵族气质的城市。

京都得益于前首相安倍晋三的观光立国政策，京都府内有 17 个世界文化遗产，据了解，京都 2017 年就招待了来自全世界（包括本国）总共 5362 万人次的游客。

普通投资者该如何通过投资京都获取旅游红利？主要有两种方式：一是投资酒店，二是投资町屋。

酒店不必多说，而町屋可能对大多数中国人来说都很陌生。接下来就详细讲讲町屋。

1. 京都以地段为分界，町屋价格不同，总体价位在 300 万～3000 万元人民币不等

上、中、下京区都在京都站的北面，西面是岚山，往西南一直走就是大阪，而东面的东山区、左京区也属于京都的富人区，再往东就是大津。而京都站以南主要是东福寺和伏见稻荷地带。

不过，既然要讲到町屋的价格，就需要一张旅游地图，因为町屋主要就是跟随旅游业的发展，离景点越近的越好。

大多数旅游景点都集中在中京区、上京区和左京区。不言而喻，这些区的町屋价格最高。

京都的构造学的是中国唐朝的首都长安，也是"横七竖八"的设计。所以，从南至北的东西向街道分为一至十条。而这其中，要数四条最热闹，中国人所熟知的祇园、美食街先斗町都位于此，《艺伎回忆录》也是在这附近拍摄的。沿着鸭川，各个小路上种满了樱花，樱花时节会非常美。

据说这四条附近的町屋都是上十亿日元的"奢侈品"，纯属富人的收藏，或者用于经营商业活动，因此做不了民宿。

而目前市面上受欢迎的好地段则主要集中在清水寺所在的五条。沿着清水五条这段鸭川过去，有不少质量上乘但价格不算贵的町屋，不过现在也要到八九千万日元了（相当于 474 万～533 万元人民币）。

当然还有一些稍微偏远一点的地段，比如位于金阁寺和天满宫的西北部，或者岚山附近，这些地段有些町屋的价格差不多在 300 万～400 万元人民币之间。

而平安神社所在的左京区基本不用考虑了，这里一套町屋也是轻松上十亿日元，因为这里是京都的富人区。

2. 町屋的维护和后续运营是大头

町屋看起来很美，其实也很脆弱，因为它主要是木造，因此在所有注意事项中，民宿牌照和消防为大。

京都自古是风水宝地，自然灾害比日本其他地方少许多，但最怕的就是火灾，因为大多数古屋都是木造房子。因此，在对民宿进行规范化管理的时候，政府对民宿的消防要求格外严格。如有需要购买京都的町屋，一定要对消防足够重视。

另一个就是牌照。一套町屋能不能拿到至少半年的民宿运营牌照很重要，一些町屋只能运营 60 天，这对想做投资的人来说基本上赚不了什么钱。有些开发商承诺了半年至一年的牌照，但最后却批不下来，或者勉强只能拿到 60 天，这也会让投资人产生很大的损失。

跟有现成牌照的町屋或者和有拿牌照实力的公司合作，是比较理想的选择。

3. 多数町屋是开发商购买旧房进行改造而成，一般是 1950 年以前的房子

町屋一般都是开发商买下老房子，然后翻新重建。

目前市面上的町屋，因为房价在涨（好地段的町屋房价很少跌），所以表面的投资回报率越来越低。有时候低至 4% 以下，去掉运营成本和维护费用，还有持房的各种税费，大概就只有 2.5% 左右，其实并不高。若碰上这个町屋只能运营半年的情况，那收益还要再减半。

京都的町屋适合的人群：

（1）有点闲钱的人。

（2）对京都有情怀的人。对京都的古屋和美景、这座城市所产生的美丽故事有所热爱的人。

第四节
买一栋楼的三大优势 》》》》

在日本，买楼有两个主要的好处：

（1）拥有一块完整的土地。虽然购买公寓也有土地的份额，但是相较于公寓，大楼却能拥有一块完整的土地，完整的土地在大金额交易中是投资家最看重的。未来房子需要推倒重建的时候，在法律允许的范围内，房东有自主权！

（2）可以减少管理成本。一栋楼是集中管理的，不需要物业公司的存在，减少了管理费、修缮费的支出，没有物业费让收益最大化。

购买一栋楼，是现在投资日本不动产中最有经济效益的一种方式。收入的马太效应也体现在这里：当投入得多又投得对，资产画像也就更完整，收益往往比那些投得少却也投得对的高很多。

日本专业房产投资机构的房地产市场收益趋势显示，2020 年 7 月，日本普通公寓的平均表面收益率为 7.52%，而所谓的一栋投资楼的表面收益率为 8.26% ～ 8.57%，高于公寓，而如果能够贷款，整个投资回报率会再上一层楼。（东京大楼的租金回报率约为 4% ～ 7%）

当然这样的回报不是所有的一栋楼都适用，但如果预算正好在 400 万～ 600 万元人民币，买大楼是绝对的性价比之选。

在选择买楼时，一些买好公寓的标准也适用：

（1）土地的建筑率、容积率，越大越好。

（2）大楼前面接壤的道路最好是公共道路（国家道路），尽量避免私道。

（3）用途上，核心地段纯商业大楼最优，非核心地段最好是一楼店铺、楼上事务所和住宅相结合。

（4）土地越规整越好，大楼品相佳为宜。

一、买楼贷款，收益将往上"无限"延伸

买一栋楼最好能贷款。判断一栋楼能不能贷款，认准这几个标准：

（1）符合新抗震标准的楼。

（2）投资楼的用途是长租（非民宿）。

（3）总价格在 8000 万日元（约 526 万元人民币）以上。

由于房地产市场热，日本的"金管所"提高了放贷标准，不符合规范的楼更不容易贷款了。

二、买楼也是买地，要看准这两点

在日本，买一栋楼，其实也同时把这栋楼的地给买了，还是永久产权。有了土地，有利于资产的形成，而这其中对于之后的资产证明和其他投资，在银行等机构的证明上都有非常多的优势。

既然买地，就要注意建蔽率和容积率。

建蔽率（日语原文：建ぺい率）是指单层建筑面积和建筑基底面积的比值，即比如一块 100 平方米的土地，建蔽率若为

80%，则这土地上就可以有 80 平方米的平面面积来盖房。

容积率（日语原文：容積率）则是在土地上建筑时可以容纳的房屋最大空间，再以一块 100 平方米的土地举例，容积率为 200%，就是说该土地上的房子在理论上最多能建 200 平方米。

建蔽率和容积率越高，这块地就越值钱。

接下来还有一个关键点就是道路。要搞清楚自己买的这栋楼接壤的道路，是公家的还是私人的。

一般而言，家门口的马路是公道会更好。首先因为它由国家信用作保障。而私人的道路，可能随时会被道路主人拿去修建，有很多不可控因素。

与此同时，公道往往也比私道更宽。家门前的道路越宽，土地容积率也就越高。

三、买楼"移民"

在所有日本购房的选项中，买楼最能保证常驻签证，即经营管理签证。

该签证不需要提前投资，也不需要会日语，对年龄和学历也没有要求，唯一要求就是有钱。因为买楼时需要持有注册金成立公司，进而贷款。一般注册公司的费用在 50 万日元，然后通过这个公司办理经营管理签证。

在申请签证时，要提交事业计划书，这是证明这个公司有经营能力的一份重要文件。如果只是简单地在这个计划书中写上"买楼收租"，基本会被驳回。因为收租不能作为经营企业的手段，更多地是作为公司营收的保障。

要保证经营管理签证能过签，这间公司就要开展其他有营收能力的事业，比如旅游、贸易、餐饮等法律允许范围内的任何行业。有这栋楼兜底，如果不小心运营亏钱，还有房子赚收入、纳税，入管局看了账本后，续签的概率也更高。

但这个签证还不算移民，仅是给一年的居留权，其间可以享受所有日本社会福利，包括孩子看病免费以及教育补贴等。

移民日本，或者转永住身份，需要 5 年内纳税 3 年，即可在第 5 年申请归化；10 年内纳税 5 年，则可以在第 10 年申请永住。

在第一年出签后的每年，申请者都需要给入管局看到这家公司的营收能力。基本上，每年的运营成本大概在 400 万日元左右，这其中 300 万日元其实是给自己的法人工资，所以抵扣下来，一年的真实成本大约在 100 万日元，上面那栋楼的营收也完全可以覆盖。

第五节
房屋质量 》》》

日本一套建于昭和时代的房子，现在看上去依然很新。反观中国，一些只有 20 年房龄的房子，外墙漆却脱落、老化，楼道青苔遍布，漏水成疾。

其中的原因，除了在建房时，日本对房屋质量的要求高出很多以外，还有一个非常重要的因素，那就是日本物业更懂得合理运用修缮基金。

一、中国小区修缮基金之困

中国小区现在面临的最大问题就是如何处理修缮基金。根据国内各城市人民政府的规定，一个小区的物业如需动用公共维修基金，就一定要这个物业的业主委员会审核同意。

但中国业主委员会的现状略显尴尬。目前，国内的绝大部分修缮基金处于无人提取的状态，一大部分是以极低的活期利率存放在银行。

2015 年，一则《北京青年报》的报道让人担忧修缮基金的使用现状：

北京市物业管理处负责人表示，截至 2015 年 2 月底，北京市公共维修基金缴存总额为 395.99 亿元人民币。而在支取方面，2013 年北京市一共有 143 个社区用了 1.16 亿元，2014 年用了 3 亿元，2015 年用了 3 亿元，从 1999 年公共维修基金归集之日到 2015 年 2 月，该项基金一共使用了 15.5 亿元人民币。

维修基金的使用率不足 5%！这样的问题在北京尚且存在，在其他城市就更严重了。

如何用好业主缴纳的修缮基金，要向邻国日本学习。

二、房龄超过 50 年，还跟新房一样

日本的修缮基金并不便宜，一间 77 万元人民币的房子，每个月就要交 817 元人民币。

一栋楼的所有业主必须平摊整栋楼的修缮费用，每个月交纳

一次。一般房龄越大的楼所要交的修缮基金就越高。

以一栋港区新建的高级公寓楼的 70 平方米公寓为例，前 10 年的年修缮基金固定在 4920 日元，到了第 11 年增加到 10190 日元，第 15 年以上变为 22 510 日元。值得一提的是，今后 20 年修缮基金每年要交多少，物业都会提前公布出来，通知到每位业主。

同时，开发商在卖房时，也会存一笔比所有业主交纳的修缮基金的总和还多的修缮费到公共修缮基金中。

如果业主用各种理由不交纳修缮基金费用，别说会被邻居看不起，甚至会收到业主委员会连同律师的传票，最严重的还会惹上官司！

另外，与国内不同的是，日本的物业管理公司数量并不多。在日本，大部分建筑所使用的管理公司就那么四五家，而这些物业管理公司是日本经营了半个多世纪以上的大型信誉企业。

当一栋公寓建成后，这些物业管理公司就会和业主委员会一起开会商议，订立一个长达 50 年的公寓维修计划表，会对屋顶的维修、外墙的定期修护、管道的疏通以及供水系统、电梯等做出完完整整的规划，并将这份计划表分发到每位业主手上。

比如下水管道的修缮，在日本，不管下水管道是否堵塞，每年必须用高压清洗装置全部清洗并疏通一次。外墙的翻新、防水以及电梯的检查和更换，都是定期的。比如一些公寓楼的外墙会 20 年全部翻新一次；屋顶 10 年维修一次，电梯一定要每 3 个月就检查一次、20 年更换一次。

大规模整修则是一整栋楼统一维修。一般来说，因为公寓楼大约每隔 20 ～ 30 年进行大规模修缮，所以房龄在 19 ～ 20 年，或者房龄是 19 ～ 20 年的倍数的普通公寓很受欢迎。

投资者在购房前，不妨先打听一下这栋楼的修缮周期。比如一栋于 1979 年建造的楼，到了 2019 年时需要大规模修缮一遍，而投资者假如在 2018 年买入就赚到了，因为刚修缮完的公寓在市场上更容易卖出好价格，出租也不是问题。

三、高度自治的日本业主委员会

日本的业主委员会是高度自治的团体。

不论是管理费还是修缮基金，在日本业主委员会的监督下，花费流水是非常透明、清晰的。

维修得当的老房也会有需求市场。不少日本人仍然选择租住八九十年代的房子，正是因为房屋维护得好，租金又比 21 世纪建成的房子便宜，所以仍然有很大的市场。

第六节
东京区域分析 >>>>

东京这座城市的每一个区都有自己的"性格"，新潮前卫如涩谷，严肃单调如文京，网红新潮如墨田。李嘉诚有一句被人们反复提起的名言："买房最看重的是什么？位置！位置！位置！"这一节就是从微观的各区规划中确定一个范围，再分析每条街道上的投资优势。

这一节不仅是一次区域介绍，也是购买东京房产的具体指南。

一、涩谷区

1. 每天都有"一座城市"的人口在这里穿梭

涩谷区位于东京的城西地区，与千代田区、中央区、港区、新宿区和文京区并称为"都心6区"。

涩谷区总面积为15.11平方公里，与北京西城区的50.7平方公里比起来并不大，但这里却有23万人居住，密度达到每平方公里1.5万人，足见这里的热闹程度。

许多影视作品（如《生化危机》）中出现的人流巨大的十字路口，就是位于涩谷车站出口处。据说每天有250万人经过这个十字路口，相当于国内一个三线城市的人口！

涩谷区被誉为东京的IT站，因为大部分IT公司都驻扎在涩谷一带。比如著名的微软日本总部、卡西欧、游戏软件开发公司SQUARE ENIX都位于此。除了IT公司，JR东日本总公司、日本可口可乐、NHK（日本广播协会）也在这。

除此之外，涩谷还集合了全日本的时尚与年轻，可以说是人口长期活跃的重点区域。这里是时尚的聚集地，比如原宿的猫街步行街、Laforet原宿、涩谷109大商场、高岛屋时代广场等，聚集了大量适合各个年龄段消费的场所。因此，涩谷区的租金和地价在东京数一数二。

2019年，涩谷的地价位列全日本第四位，仅次于中央区、千代田区和港区，达到403万日元/平方米（约26万人民币/平方米），相比 2018 年增长了 2.46%。而涩谷的单间房租可以达到 10.64 万日元 / 月，排名东京各区前列。

买这里的房子不仅能保值，甚至还可能升值，而房租也高，可以有很不错的现金流。

2. 要想财源来，就住惠比寿

涩谷最有名的街区就是惠比寿。惠比寿——日文「えびす」，其实是财神爷的意思。在惠比寿地铁站的东口就坐落了一个财神爷的塑像，如果你路过了它，一定要拜一拜，它是日本大名鼎鼎的七福神之一。

在房产情报会社针对上班族的调查中（リクルート住まいカンパニー），2016 年东京人最喜爱居住的町中，惠比寿排名第一。

惠比寿是 JR 山手线、埼京线、湘南新宿线和日比谷线共 4 条线路的交汇站点，不仅交通便利，商业也十分成熟，惠比寿车站本身就是一个大型购物中心。

可以说，在惠比寿，既能去往东京的任何一个地方，又能轻松享受生活和消费的乐趣。

3. 在惠比寿生活

惠比寿街区有很多时髦餐厅，比如纽约过来的著名连锁汉堡店 SHAKE SHACK 就坐落在惠比寿的 atre 惠比寿西馆，另外还有西洋风格的甜点店铺和昭和风的老字号，因此这里是许多职业女性向往居住的街区。

居民晚上可以逛惠比寿的花园广场。这是 1994 年建造于札幌啤酒惠比寿工厂的遗址之上的广场，是日剧版《流星花园》里杉菜和道明寺约会的地方，聚集了很多商店、餐厅、电影院和办公楼为一体的复合设施，旁边以"惠比寿三越"为代表的西洋建筑群也是年轻人的人气约会场所。

和涩谷大部分地方不同，这里的节奏慢，人们在此可以悠闲地散个步，坐在公园木凳上聊天，很享受很舒适。而且住在惠比寿基本就能看到东京铁塔，可以说是住在东京核心区的高级享受了。

根据日本房租跟踪网站的数据，惠比寿一个单间的月租金就达到 12.34 万日元（约 8000 元人民币），大一点的两房一厅公寓，月租金能达到 1.6 万元人民币。租金虽高，但在人流如织的涩谷，房子从来不愁租。

购买了这里的房子，自住可以享受舒适而高格局的环境，如果出租则可以拥有每个月超过 5000 元人民币的现金流，还能在地价上涨的时候保证一定的房价涨幅。

二、目黑区

1. 日本公认最具有投资价值的特别区

"目黑不动尊泷泉寺"是目黑区名字的由来。"目黑不动尊泷泉寺"已有 1200 年的历史。为什么叫"不动"？其实是因为"不动"在日语中是守护神的意思，在江户时期，政府为了守护这座城市而在江户城内安置了五个不动神像。

在此之后，目黑区供奉的神明一直在增加，成为其特色。除了目黑不动尊供奉不动明王，还有供奉"山手七福神"之一的惠比寿，以及掌管良缘的爱染明王，日本人喜欢来到这里向神明诚心诚意地祈祷。

目黑区是东京下辖的特别区之一，位于东京 23 区的西南部，北部与涩谷区、东部与品川区、西部与世田谷区、南部与大田区相接，为东京东西南北的界限点。

全区面积为 14.7 平方公里，是仅次于台东区、中野区等的小地区，相当于北京东西城区的大小（东京真的有不少地区跟北京老区的大小差不多）。这里的地界，相当于北京的三环以内。

截至 2019 年 7 月 1 日，目黑区现有登记人口为 280937 人，其中外国人口 9417 人。根据 2018 年日本国立社会保障·人口问题研究所的报告，预计一直到 2040 年目黑区的人口会保持增长趋势。

另外，目黑区治安环境非常好，犯罪率是东京 23 区中倒数第二，居住安全，再加上街道氛围时尚文艺，因此在年轻女性中具有极高的人气，女性居住率特别高。区内年轻人口的迁入也使区内活力得到保障。

东京著名通勤铁路 JR 山手线也途经此处，在日本，人们都说"投资山手线周边的房子总没错"。不仅如此，区内还有东急目黑线、东急东横线、东急田园都市线等路线可供使用，离车站稍远一点的地方也都有巴士公交线路，交通十分便利。

区内分别坐落着各大企业总部，包括雅叙园、东急巴士、大型连锁折扣商店堂吉诃德、日本亚马逊、日本哈根达斯、日本诺基亚等公司总部，是不少上班族聚集的区域。

目黑区内还有多所高校和大使馆坐落于此。其中，以在亚洲乃至世界都赫赫有名的东京大学、东京工业大学为首，代表日本最高学术水平的国立大学就坐落于目黑区。学生人群对周边房屋的租赁需求也有高带动性，所以如果你想把房子租给靠谱的东大学生就不要死守着本部所在的文京区，那里的房子寥寥无几，目黑会是不错的选择。

目黑区的租金排在东京 23 区中的前十位，收益可观。但目黑区却不会因为租金高而吓退租客，租赁需求非常旺盛，尤其在中目黑站、自由之丘站等人气很高的居住地区，未来都将持续保持高租赁需求。

2. 有品位的居民

目黑区是东京的高级区。东京 23 区被许多机构分为几个部分：都心、城东、城南、城西以及城北。但需要特别说明的是，五区其实并没有被正式的定义，只是人们的主观分类而已。日本人对城南城西地区有一个固定的"三高"印象，即居民收入高、房租高、生活费高。而相对而言，城南则是整体水平不错，又价格相对更低的地区。

自由之丘一带是目黑区中最有名的高级住宅区，常年入选日本最想居住的街道排行榜前三名。根据国土交通省官方公布的地价数据显示，目黑区平均地价为 119.54 万日元每平方米，在日本和东京都内排名第八位，而自由之丘一带的地价更是以 254 万日元每平方米的地价拔得目黑区头筹。

目黑区地价最高时期，每平方米甚至达到 19.4 万元人民币。如果把目黑区分成 19 个区域，从 2016 年数据来看，地价上涨的区域为 13 个。西小山 14% 以上地方的涨幅超过 10%，没有出现特别明显下降的区域。其中地价最高的为上目黑地区，每平方米约 13 万元人民币；最低的是驹泽大学周边地区，每平方米约为 4 万元人民币。总体来看，没有较大的地区差异。

三、台东区

1. 隅田川边的江户风情

台东区位于东京的城东地区，东侧接隅田川，与对岸的墨田区相望，如果住在延川地段，甚至能从住宅处看到对面的晴空塔。与台东区接壤的分别是文京区、中央区、千代田区以及荒川区，临近市中心和教育中心，是一个不可多得的好位置。

台东区总面积仅有 10.08 平方公里，是东京 23 区中面积最小的区。上海市内最小的黄浦区都有 20.5 平方公里，是台东区的两倍！

台东区人口约为 20.7 万，也是东京都内人口最少的地方，但因为这个区拥有东京最古老的上野和浅草商业区，所以具有浓浓的江户风情。

上野车站的 Atre 是许多游客必去的景点，这里美食街、百货店、药妆店、服装店和书店全都有，商业设施非常齐备。

为什么上野能有这么多的古风商业街？因为在江户时代，上野、浅草这些台东区所在的地方都是当时所谓的"下町"，也就是非贵族或者官绅的平民所居住的地区。东京的下町主要集中靠近隅田川、东京湾的沿岸低地。也就是在百年的沉淀中，东京最古老、最富有古时风韵的街道形成了。

隅田川花火大会据说是日本历史最悠久的夏日祭，每年都会吸引非常多各地的游客前来观看。隅田川靠台东区这端的藏前站，被誉为"东京的布鲁克林"。布鲁克林是纽约的一个地区，是许多美国名人生活居住的地方，那里经常举办各种艺术活动，也是纽约最活跃、人口最密集的地方。而藏前周边也是日本匠人经常出没的地带，人们喜欢在这里看一件衣服如何手作制成，一个皮包怎么裁剪、设计，或者一个动画人物如何从无到有。

2. 稀缺的旅游资源

据了解，台东区的房价在未来的上涨趋势可以达到 18%，超过了丰岛区、新宿区和品川区。品川区可是拥有全东京最多铁路建设和翻新的地区，未来涨幅潜力无穷，而台东区可以超越它，可见旅游仍然是投资东京房产时不可忽视的重要考量因素。

台东区上野站附近的房价已经在悄声上涨了。根据东京鉴定的数据，上野站的二手公寓平均单价为 5.5 万元人民币，与 2018 年同期相比上涨了 2.2%，在东京整体房价变动不大的情况下，表现十分不错。

另外，临近上野站的入谷车站的公寓均价为 4.4 万元人民币，较 2018 年同期也增长了 3.6%，在距离上野站并不远的情况下，房价更便宜。

租金方面，入谷站一个 25 平方米的房子一个月房租差不多是 5952 元人民币，相比之下，上野站的房租约为 7175 元人民币。租售比方面，上野站为 6.3%，入谷站则有 6.5%，两者不相上下。

四、丰岛区

一场悄无声息的人口迁移居然在全世界第一大城市东京上演。而它，居然跟中国人有关。

1. 从"可能消失的城市"逆袭

2014 年 5 月，由日本创生会议提出的关于"由于少子化和人口迁移，导致未来可能会消失的自治体（特别区）"推测中，丰岛区榜上有名，成为了轰动一时的话题，被媒体大肆报道。

然而，当时被预言要消失的丰岛区，现在反而人口激增。而且，增加的这些人口不以日本人为主，一大半都是中国人。以中国人敏锐的嗅觉，选择的是池袋这个全日本第二大车站作为聚集地。

2013 年以后，日本国内的在留外国人口开始大幅增加。所谓"在留"，并不是短期的旅游者，而是拥有 1 年左右在留资格，可以在日本生活的人。虽然没有永住权，他们这也可算是一种"移民"。

世界范围内移民的人数在逐年增长，美国和德国则分别为第一和第二移民大国。但其实日本也算是一大接受移民的发达国家，并且在移居英国的下降趋势下，日本开始上升，成为 OECD（经济合作与发展组织）成员的第 4 名！英国首都伦敦的外国人占比高达 52%，已经超过了一半。日本已经能够和英国的程度并驾齐驱，所以说日本是移民大国也不为过。

2. "中国化"已经开始

通过这种途径增加的外国人，并非是自然增多，而是政府有意制定的政策所导致的结果。访日旅客数量从 2012 年还不到 836 万人，到 2013 年的 1036 万人，其后 2014 年增至 1341 万人、2015 年的 1974 万人、2016 年突破 2404 万人、2017 年又攀升至 2869 万人、2018 年突破 3119 万人，逐年直线上升。

2030 年的目标则是 6000 万人，这个增长速度绝不是天方夜谭，日本政府会通过放宽签证限制等途径不断接近这一目标。

另外，日本在留外国人数也从 2012 年的 203 万人逐步增长到 2013 年的 205 万人、2014 年的 209 万人、2015 年的 217 万人、2016 年的 231 万人、2017 年的 247 万人和 2018 年的 264 万人，同样逐年增长。虽然都在 200 万人的基础上浮动，但这 5 年里就达到了约 30% 的增长率，这个增长速度是非常惊人的。

在日外国人不断增多，他们在日本以国籍聚居的倾向也十分显著。比如，韩国人主要住在新宿区的大久保周边，中国人则主要聚居在池袋周边和丰岛区、川口市，印度人主要居住在江户川区。其实定居在丰岛区的外国居民，按国籍来划分的话，中国人已经占到约一半了。越是集中到一个区域，该区域的中国人就越会高速增长。身处异国他乡，为了找到家乡的感觉，外国人往往按不同国籍聚集在不同地区。池袋的一角也已经出现了"中国城"。

3. 三成人口是外国人

在东京 23 区内，丰岛区 5 年内的外国人增长率排到第 4，增长人数则排到第 2。两个排名都非常靠前，丰岛区会成为未来日本外国人最多的地区。

20 年前，丰岛区就已经联合行政、商区、街会、从业者，就池袋中国人共生方向问题一同讨论过了，现如今中国人的影响力已经不容小觑。池袋有多家中国著名的餐馆，如小肥羊、海底捞等，每天都人满为患。这种影响有时候也会表现为负面的。比如东日本大地震发生后，这些餐馆的兼职中国留学生通通回国，导致人手不足不得不暂停营业。夜晚池袋街头也冷清了许多，商区公会也再次意识到了中国人对经济影响力如此之大。

根据日本政府的数据，现在丰岛区人口中，外国人已经占到了 10%，其中一半都是中国人。按照目前的增长速度，可以预见 20 年后外国人的人口占比将会攀升至 30%。即使大部分在留外国人都是由于留学或技能实习等原因来到日本，但他们最终的愿望都是获得日本的永住权。现在日本获得永住权的条件里，居住年限 20 年的要求已经降至 10 年，可以说要拿到日本绿卡并非难事。

4. 地价上涨

按照现在政府移民政策的步伐，以及现在的人口高增长率和增加数，20 年后池袋全部区域也许就会成为可以匹敌横滨中华街的"中国城"。不仅如此，坐拥如此数量的流入人口，丰岛区也足以撕掉 2014 年被贴上的"可能消失的城市"这一标签。反而由于大量增加的外国人，转变为"长足发展"可能性最高的区域。

流入人口增加也会影响地价：该区域周边将不断产生地价上涨的动力。世界上许多城市的房价都由于中国人的购买需求而一路走高，比如加拿大的温哥华、澳大利亚的悉尼、新西兰的奥克兰等地，这些都是由于中国人旺盛的购买需求导致房价暴涨的例子。未来，东京丰岛区池袋也许会成为日本国内的中国人最主要聚集区，周边的房价也有很大可能性会一路飙升。

5. 总结

池袋是山手线上最重要的交通枢纽之一，是东京西北向的核心地段。地理位置自不用说，既然以后有可能成为"中国城"，各种设施条件也一定最适合中国人。根据东京鉴定公司的数据，可以算出池袋周边的回报率，不仅涨幅优秀，还有很可观的回报率，如表2-2所示。

表2-2　池袋房屋租金回报率

池袋房价（人民币元/平方米）	平均涨幅（%）	一室一厅（约20平方米）月租（人民币元）	年租金回报率（%）
55000	4.80	5300	5.78

这座未来的"中国城"——丰岛区池袋，对于中国人来说，不论是买房自住移居还是投资，都不失为不错的选择。

五、新宿区

这个地方，无论你有没有来过日本，应该都不会感到陌生。它在东京23区中可以争夺知名度排行榜第一位，甚至提到日本人们就会想到这个地方。这个区在日本人心中的地位有多高？许多著名导演、动画师都对它有独特的情怀，动漫导演新海诚的动画电影也多次选景于此。它就是都心五区中房价亲民、人口和人流量最多的特别区——新宿区。

1. "新的住宿之处"

正如字面意思一样，新宿（新しい宿場）指的就是新的住宿之处。在江户时代，全日本最主要的五条交通道路被称作"五街道"，它们从江户（今天的东京都）出发，通往全国各地。

如今的高速公路上都建有服务区，专门提供加油和餐饮休息服务，而在那个年代，五街道的沿途也设有许多供旅人休息的站点，被称作"宿场"。新宿的"宿"，其实是高速公路上的服务区延伸过来的。然而，这其中的甲州街道从江户出发到最近的一个宿场高井户宿，相隔了足足18公里，中间一个歇脚的地方都没有！18公里，这个距离对于没有机动车的古代人来说绝对是个远距离路程，也就不难想象很多旅人支撑不住，有的甚至死在途中。为了解决这个问题，政府在高井户宿和江户之间加建了一个新的宿场，将其命名为内藤新宿。新宿这个名字就初现雏形。江户幕府倒台后，人们可以自由选择职业，不少人做了木材买卖。而内藤新宿附近又有不少上等木材，很多商人为了方便接触客户，在内藤新宿附近搭建了各种各样的店铺，于是新宿街道作为商业地就变得越来越繁荣。

2. 新宿的投资性价比

昭和年间（1926—1989），为了缓解中央区作为商务中心过分集中的状态，东京都政府提出了建设副都心的设想。经过近30年的发展，新宿区已经成为了与涩谷、池袋并列的东京三大副都心之一。如今的新宿区坐落于东京的中央偏西侧，仅有18.22平方公里，这比北京最小的区东城区（42平方公里）还小了近2/3。

区内的新宿站是东京市区最重要的交通枢纽站之一。据统计，这里日均上下车人次高达到364万人次，人流量可以和一个中大型城市人口匹敌！

新宿区的人口自1995年开始逐年上涨，到2020年已经达到34万人，人口密度超过北京。其中4万多是外国人，外国人口比例全日本第一，如图2-3所示。

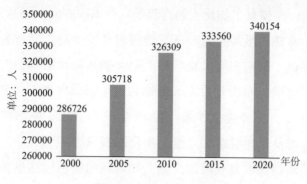

图 2-3　新宿区人口增长

新宿区土地价格排名全日本第五，平均地价为每平方米 368.4 万日元（约 23.7 万元人民币），堪称寸土寸金。然而在新宿区内，最高价和最低价地段的地价相差足足 35 倍。新宿西口站附近的地价高达每平方米 2185 万日元（约 140.1 万元人民币），而中井的地价则为每平方米 63.9 万日元（约 4.1 万元人民币），而放在东京 23 区内去看也并不便宜。虽然地价新宿最低，中井却也是个投资"香饽饽"，因为从这里乘坐电车只需 7 分钟就能到达新宿站。

然而在这里买房的话，每平方米仅要 41.5 万日元（约 2.7 万元人民币）！在任何一个中国一线城市的市中心都找不到这样的房价。

3. 歌舞伎町是新宿的名片，却不是新宿的全部

1）歌舞伎町

在日本人的眼里，新宿区是年轻人的聚集地，全东京的不夜城。而说到不夜城，就会想到歌舞伎町。

歌舞伎町坐落在西新宿，是全球最有名的红灯区之一，每天接待游客高达 30 万人次。每当夜幕降临，这里变得热闹非凡。

然而，即便有了如此大的客流量，日本政府似乎还是不满足，因此开始实施"歌舞伎町一丁目地区再开发计划"。首先，将会在这里建成"新宿东宝大楼"和"APA 酒店新宿歌舞伎町塔"等新的高层建筑。东宝是日本非常知名的电影公司之一。此外，还将在此开发一座高度 225 米，共 48 层的由酒店、电影院、各种店铺构成的复合高层建筑，预计将于 2022 年 8 月竣工。

虽然新宿因歌舞伎町而广为人知，新宿区也因这里而变得繁荣，但东京人对这里的印象似乎不太好。因为深夜里数不清的人在这喝到烂醉，黑道、非法居留的外国人也很猖獗，曾经是治安的死角。这是一个危险与魅力并存的区域。

2）神乐坂

如果说歌舞伎町是新宿区的"动"，那么神乐坂，就是日本文人骚客都向往之的"静"。

神乐坂位于新宿东面，是放在东京都里都少有的充满文化气息的生活区。街上常常有行人骑着自行车走过，午后也有不少行人在路边散步，街巷之间充满着宁静的氛围，与歌舞伎町相比，这两个地方简直天壤之别。曾经因为烟花巷繁荣的神乐坂，如今还保留着很多石板路小巷，巷子里时常有艺伎走过，充满着京都风味。神乐坂看起来很像山手地区，却也有很多具有下町风情的地方。

投资公寓的话，与其在歌舞伎町投资，不如选择神乐坂。神乐坂有不少优质公寓，但也不好抢。

优质公寓一般指的是"除了交易价格以外，资产价值不容易贬值的公寓"。要评估公寓所在区域"特性""效用""就业人口"这三个要素。

神乐坂作为东京的"胡同街"很是有名。从主干道的神乐坂大道进去，就到达汽车不能通行的小路，形成了这里的住宅街。并且，住宅街中有很多远近闻名的餐厅、咖啡店等，使得神乐坂整体的气氛优秀，拥有独特的"和风风景"。但是，从战前开始就在神乐坂住了好几代的居民很多，而另外，公寓的绝对数量不足，可以说很难接受新住居民。这样的区域特性也提升了神乐坂公寓的优质性。

3）高田马场

高田马场位于新宿区北部，集合了JR山手线、西武新宿线、东西线三条线路，从JR到东京地铁都有，交通十分发达。

交通发达的地方同时也是学区资源非常集中的地方：早稻田大学、学习院大学、东京富士大学……多所大学都在高田马场设有校区，语言学校就有42所，不得不说高田马场是"东京的大学城"，这里聚集了世界各国的留学生。高田马场还是日本最大的缅甸人社区，有"小仰光"之称。

正因如此，这里小型公寓需求旺盛，投资房产不用担心空置问题，一套18.17平方米的小公寓，月租金高达6.8万日元（约4387元人民币）。

4. 新宿大开发进行时

距离1960年副都心计划实施已经过去了60年，如今，这片寸土寸金、高楼林立的区域正在进行新一轮的大开发！新宿住友大厦于1974年建成，初建成时曾是日本第一高楼。2020年7月1日，新宿住友大厦三角广场在这里建成。广场的玻璃天花板高达25米，阳光从玻璃普照下来，广场内是6500平方米的超大空间，最多可以举办容纳 2000 人的大型活动。

新宿车站日均客流量创下了吉尼斯世界纪录，是全世界使用人次最多的车站，全日本最繁忙的七大车线 JR、京王、京王新线、小田急、地下铁丸之内线、都营地下铁新宿线、都营地下铁大江户线都从这里经过。

然而，这样一个繁华的地点，日本居然要对它进行再开发！

以前，从新宿车站东口向西出口，需要购买入场券，通过检票口走过去。或者沿着丸之内线，经由地下商业街绕一大圈才能到。2020 年 7 月 19 日，新宿站的东西自由通道正式开通，人们不再需要购买入场券，也不需要绕远路，可以直接从东口走向西口了！

新宿站东西方向的车站大楼将被改建为超高层建筑，线路上空将铺设人工地基，标志性的广场"新宿中央广场"正在规划中。新宿站西口的小田急百货商店和新宿米罗德百货将被改建为高约 260 米、地上 48 层的大规模超高层综合大楼，预计将于 2029 年完工。同时，新宿站西口的明治安田生命新宿大楼也将进行再开发，友都八喜也计划在此建造新店。京王百货店新宿东口车站等也将进行改建，构想高度约 260 米，和小田急并列成为双塔。在西新宿三丁目，也就是如今新宿公园塔旁，将要建造一个全国最高的公寓！预计总户数 3200 户，将于 2028 年完工。

如此多的开发项目都选择到这里投资，开发完毕后，将会带来超乎想象的人流，未来的新宿将成为东京都心中的"新晋网红"。

第七节
投资流程 »»»

第一步：信息收集。

第二步：咨询和看房。

第三步：在心仪的房子中缩小范围。

第四步：申请购买。（缴纳意向金，写购房申请书、支付10%签约金）

第五步：住房贷款事前审查。一般外国人买房低于300万人民币的，在日本贷款不容易。但即使有些房子超过300万元很多，还会因为银行认为不合规而拒绝放贷。所以如果想贷款买日本房，一定要提前与中介公司了解清楚房屋情况。

第六步：重要事项说明和合同书的确认。

第七步：签约合同书。签约后如果因买方的问题而解除合同，买方将损失签约时支付的押金，因此有必要慎重对待。

第八步：交房、结算尾款。办理公证书、填写律师委托书、支付剩余90%尾款和税费。如果是新房，要检验完工的建筑物的状态。认真确认建筑物的状态和质量是否与合同存在出入。

如果住房贷款的结算完成，将是律师代理交房，办理房产证。关于交房，除了拿到房子的钥匙之外，还要进行房地产所有权转移（新建的建筑物为所有权保存）登记。

第九步：托管、收租。日本租房并不是通过中介，而是管理公司找租客。

第八节
重要事项说明书 》》》

为了让买家在买房前能充分了解整个房屋的情况，日本的法律强制要求持有执照的宅地建物取引士（以下简称"宅建士"）对买家解说《重要事项说明书》（以下简称"《重说》"）。

解说内容包括整个大楼情况、管理公司的账户余额、大楼周边环境、有没有瑕疵、在不在水灾及泥石流高发地带等完整的内容。

宅建士是日本中介公司在申请营业执照时必须聘用的专业人士，没有宅建士就没办法在日本设立中介公司卖房子。日本《宅地建物取引法》规定，作为房屋和建筑物交易专门知识的持证者，宅建士有必要提供适当的建议并说明重要事项，创造一个使消费者可以放心交易的环境。根据国土交通省的规定，宅建士不得从事损害自己信誉的行为。如果对买家解说重要事项说明书时存在纰漏，宅建士将面临被吊销执照的风险。

另外，宅建士要通过建筑交易专业知识持有者的执照考试才能拿到执照，而这个通过率近年来只有 15% ～ 17%，可以说难度是中等偏上了，跟日本的司法书士、律师证的考取难度相当。

《重说》的具体内容主要包括以下三点。

1. 灾害区域解说

这是《重说》中，关于住宅是否在防灾地区的说明，这就包括台风灾害区域、土砂灾害，以及造成其成为灾害地区的具体情况。如果有房屋在内，宅建士就需要解释。

2. 瑕疵

可能，而不是必然。这是日本表述的一个特点，即使不会出现污染，但因为房屋附近的工厂属于可能产生污染的隐患，一定要在《重说》当中说明清楚。

3. 管理物业介绍、修缮管理基金账户余额和滞纳情况

关于管理物业是什么，以及物业费、修缮费总额有多少，都会在《重说》中写明，甚至细致到滞纳金是多少也会写出来，可以依此判断这个管理组合的财力是否过关。

除了房屋信息，"瑕疵担保"这一栏也值得一提。《重说》中会加入关于"瑕疵担保"这么一个说明，让宅建士重申给买家房屋如果有瑕疵，法律赋予了他们什么权利。

归纳来说，"瑕疵担保"是日本保障买家的又一重要法规。日本新《民法典》中，买卖环节更是加大了买家的权利，如果卖家故意隐瞒房屋的瑕疵，买方甚至可以单方面解约。

"瑕疵担保"条例大大加重了房东刻意隐瞒瑕疵的成本，因此在日本，房屋本身若有瑕疵，原房主是不会刻意隐瞒的。

《重说》对房屋状况的全面覆盖、"瑕疵担保"为买家再上双保险、买房之前卖方需要把房屋情况说得明明白白，这些措施让买家买得更放心。

第三章

东南亚房地产市场对冲全球风险的背后逻辑

跟欧美成熟市场不一样，东南亚更突出的，一是投资的机会非常多，二是真便宜。不完美，意味着有套利机会。比如，菲律宾首都马尼拉，核心区域直径才20公里左右，最繁华的CBD才三块。首先，不考虑未来的CBD会增加到多少块，仅就这20公里的核心直径，对比北京、上海、广州、深圳，想象空间非常巨大。

其次是价格优势。30万元到50万元人民币就可以在东南亚首都城市的核心区全款买房，永久产权，可以冬天飞过去避寒，夏天就出租给当地人，租金回报率都在5%以上。

第一节
人民币 100 万元能买什么房 》》》

东南亚买房投资优先选首都城市或经济中心，其次是著名的旅游城市。如果是自住，喜欢哪里就买哪里。

东南亚房产只算套内面积（柬埔寨部分中国开发商的楼盘除外），所以楼书上的面积乘以1.3～1.4，就差不多是国内房产的面积。

外国个人在东南亚不能买带土地的房产，只能买公寓，或者以注册公司的形式购买土地、别墅。

在马来西亚，外国人必须购买 100 万马币以上的房产（约 170 万元人民币），已经超过 100 万元的标准了，不在此处讨论范围内。

一、泰国

100 万元人民币约相当于 450 万泰铢。泰国买房分两类：在曼谷选房；或是在普吉岛和芭提雅这两个旅游城市选房。

1. 曼谷：100 万元人民币在新 CBD 买精装一居室

100 万元人民币在曼谷能找到很多设施齐全、精装修、地段还不错的公寓。很多集中在新兴商业区 Rama9 附近。

如果以 100 万元人民币为最高限额的话，还可以找到离地铁更近，装修更好的公寓，单价也会更高。

五年前拿着 100 万元人民币可以在曼谷任意挑大部分的公寓，现在两个老牌的 CBD 区域是隆 - 沙吞区和素坤逸区都已经买不起了。这两个区域每平方米动辄 5 万～ 8 万元人民币，100 万元人民币真是找不到什么像样的房子。

2. 普吉岛和芭提雅：100 万元人民币的房子，能走路去海边

普吉岛和芭提雅是泰国两个非常著名的海岛旅游城市，遍地都是外国人，很多欧美人甚至长居在这里养老。因此一些海景公寓也非常抢手。

芭提雅海景公寓的价格比普吉岛要便宜很多，几乎只有普吉岛的一半到 2/3 的价格。价格虽低，配套设施却很齐全，像车位、游泳池、花园、健身房、厨电精装这些都是标配。

二、菲律宾

菲律宾的首都马尼拉和曼谷一样，是东南亚为数不多的几个人口超过 1000 万的大城市之一。100 万元人民币约相当于 700 万菲律宾比索。

先以马尼拉第一大 CBD 马卡蒂为例，只要是知名开发商的项目，单价基本在 3.5 万元人民币以上。100 万元人民币可以买一个小户型的一居室，配有泳池、健身房等东南亚常见的公寓设施。

菲律宾人的消费习惯以买大品牌为主，无论是买车、买衣服还是买房都是这样。所以在菲律宾买房一定要看开发商的背景，从前十大开发商里选房，未来无论是出租还是出售，都能更受当地人欢迎。

马卡蒂在马尼拉的地位，其实比较像曼谷两个老牌的 CBD 区域——隆 - 沙吞区和素坤逸区。开发得比较早，也是最早推出新楼盘的区域，现在单价也处于比较高的水平。

另一个和泰国的新 CBD 区域 Rama9 地位相似的，是马尼拉的第三大 CBD 区域奥蒂加斯。认为马卡蒂后期增长空间不大，或者预算不太多的买家，就会看上这一块最新发展的 CBD 区域。

这也导致从 2018 年 9 月开始，奥蒂加斯的房屋单价的中位数从 1.6 万元人民币涨破 2 万元人民币，涨幅 25%，每月租金中位数大约是 4600 元人民币左右。算下来回报率比国内一、二线城市还是高很多的。

在奥蒂加斯，50 万元人民币就可以买到一个 25 平方米左右的一居室公寓，100 万元人民币的话，就可以挑一个两房了。

三、柬埔寨

东南亚另一个不得不提的城市是柬埔寨的金边，从 2017 年开始在国内非常火爆，富力、星汇、雅居乐等国内比较知名的开发商都跑到金边去开发楼盘。而且因为当地没有像泰国、菲律宾一样设置外国人的购买份额，再加上是美元资产，柬埔寨投资很快就在中国内地拥有了大批受众。

100 万元人民币约相当于 14.54 万美元。100 万元可以买到一套高端公寓面积最小的一居室，或者是中端公寓的两房。所以其实 100 万元人民币放到金边，选择并不多了。

东南亚房地产市场变化就是这么迅速，两三年时间的发展，可能就错过了最佳的入场时期。

四、越南

100 万元人民币约相当于 33 亿越南盾。房地产咨询公司第一太平戴维斯的网址显示，100 万元人民币可以买到的房子，只有十几套，而且大多位于胡志明市的第二郡和第七郡，没有位于第一郡且价格在 100 万元人民币以内的公寓。根据第一太平戴维斯的报告，胡志明市第一郡的房子单价为每平方米 3.9 万～ 4.5 万元人民币。

胡志明因为中间正好有西贡河穿过，城市规划和上海类似。以西贡河为分界线，河西相当于浦西，河东相当于浦东。目前胡志明市重点开发的是第二郡和第七郡。第二郡的房价区间在每平方米 2.3 万～2.6 万元人民币，第七郡房价为每平方米 1.6 万～2.3 万元人民币，其实 100 万元人民币也只能买一个 40～50 平方米的小公寓。

五、机会易逝

东南亚核心城市的百万房产的选择比国内许多城市更多，100 万元人民币可以在核心城市选到一套一居室的公寓。

如果是当地家庭，买房的首付只需 10%～30%，而且可以贷款。稍微努力一点也能攒够首付，或者牺牲通勤距离，在非核心区购买首付更低的房产，也能让居住在里面的家庭有一个高质量的生活。

但是东南亚的核心区随着这几年人流和"热钱"的涌入，当地经济飞速发展，房价也是一天一个样，稍不注意就会错过最佳的入场时期。可能再过一年，100 万元人民币在核心区就买不到什么像样的房子了。

第二节
菲律宾：房地产投资的典范 》》》

菲律宾已经连续 7 年的经济增长率达到了 6% 以上，世界各大知名机构普遍预测，菲律宾的经济还有 10 年的黄金增长期。

判断一个国家的发展前景，可以通过看该国的经济、人口或者产业的发展前景。就菲律宾来说，它目前有四大产业。第一，博彩。2016 年新领导人上台后，开放了博彩牌照，博彩行业所占份额持续上升。当然 2020 年疫情对菲律宾博彩的打击是非常惨重的，但这实际上对菲律宾的经济发展是好事，因为使产业再洗牌，去除了一些不稳定的因素。第二，BPO 外包服务。很多跨国公司都有国际电话客服中心，但这些国际客服部极少是在本国的，比如说美国的跨国公司，它的国际电话客服中心就不在美国，而是在菲律宾，因为菲律宾的人力成本比较低。而且菲律宾具备的一个优势是它的官方语言还有民众日常交流语言，都是英语。第三，劳务输出。2020 年，包括菲佣在内的海外劳工每年给菲律宾汇回去的外汇占了它总 GDP 的 10%，这是个非常惊人的比例。也就是说海外劳工的价值是千万级别的。第四，旅游。除此之外还有农业、制造业，也是菲律宾经济比较重要的组成部分。2021 年 9 月，菲律宾政府公布的最新数据显示，菲律宾旅游市场的游客下降了八成，疫情重创该国旅游业。菲律宾旅游局表示，政府正在为疫情后重启旅游业做协调准备。到 2022 年疫苗普及，大部分人群接种疫苗形成免疫屏障后，有望重振旅游业。

从 2016 年开始，菲律宾房地产进入了一个快速上涨的时期，这跟它经济的发展是非常同步的。马尼拉在供需不平衡的情况下，它的房价上涨是非常刚性的，著名房地产咨询公司莱坊国际的调研数据表明，马尼拉过去几年的平均涨幅，已经达到了 15%～20%。

一、概况

这是一座欲望之城与掘金之地的结合体。菲律宾首都马尼拉的中央商务区（CBD），已经和中国大部分一线城市的 CBD 没什么两样。或许很难将这样的地方与一个人均 GDP 不到 3000 美元的国家联系在一起，如图 3-1 所示。

图 3-1　马尼拉的新中央商务区——博尼法西奥全球城

1. 对各种"亚洲第一"有强烈追求

过去菲律宾有多富裕，现在它就有多想重振旗鼓，找回曾经的尊严和辉煌。菲律宾热衷于争夺各种名目的"亚洲第一"。

20 世纪五六十年代，菲律宾是亚洲仅次于日本的富裕国家。那时的菲律宾在祖父辈的口中是发家致富之地。亚洲金融危机爆发前，菲律宾还与印尼、泰国、马来西亚并称为"亚洲四小虎"。因此，菲律宾的经济基础和基建设施，是胜过周边国家的。

东南亚最早的一条地铁就诞生于菲律宾马尼拉（其实更像是国内的轻轨），这条地铁早在 20 世纪 60 年代就开通了，如

图 3-2 所示。轻轨在马尼拉穿行了二十年后，北京的第一条地铁才于 1981 年正式对外运营。

图 3-2　马尼拉的轻轨

菲律宾的地标建筑，不是高楼，而是曾经"亚洲最大的商场"——Mall of Asia。这个商场占地 41 公顷，相当于 57 个标准足球场的大小，虽然现在已经算不上亚洲最大了，但当地人都会向游客介绍这是亚洲最大的商场。

菲律宾不仅建了曾经亚洲最大的商场，还建了亚洲最大的赌场——Okada 赌场，赌场里还有亚洲最大的酒吧和亚洲最大的游泳池。

Okada 赌场的老板是日本赌博机制造巨头环球娱乐，环球娱乐投资 24 亿美元在马尼拉建了这个赌场。据说它的老板曾经公开表示，当年就能盈利，3 ～ 5 年就能收回成本。

菲律宾还有亚洲最古老的大学——菲律宾圣托马斯大学。这所大学建于 1611 年，见证了菲律宾的兴衰和复苏。

马尼拉的老城区马拉提是马尼拉人文历史气息最浓厚的区

域，过去曾是马尼拉最繁华的地方，现在还能从一些遗留建筑中看到过去辉煌的影子。

2. 分化的物价

菲律宾人均 GDP 接近三千美元，相当于 2007 年时中国的人均 GDP。对于一个国家来说，菲律宾正好处于有了一定经济基础、又容易出成绩的阶段。

菲律宾的物价实在是太分化了。餐饮和交通便宜，但居住成本非常高。如果只是普通的花销，物价非常友好。肯德基的一个鸡肉汉堡加可乐加薯条，只要 80 比索（相当于 10.5 元人民币），而国内套餐价格大概是 35 元。

马尼拉没有公交车，公共交通只有吉普尼、轻轨和跨区行驶的大巴车。打车可以叫出租车或者 grab。吉普尼是用二战时美军留下来的两千多辆吉普车改装而成的。每一辆的装饰都各具特色，10 比索随便坐，随停随走，如图 3-3 所示。

图 3-3　吉普尼

　　打车也很便宜，从赌场区的一个酒店到机场，路程大约5公里，在grab上打车，一般会有一部分平台补贴，价格不到100比索，而打出租车的话也差不多250比索，相当于15～30元人民币。

　　一个grab司机每天大约可以赚1000比索，相当于138元人民币，一周跑满6天的话，一个月大概可以收入3360元人民币。相比当地的平均工资也算是不错的收入了。

　　菲佣的工资也非常低，当地菲佣的工资换算成人民币，大约是900～1200元每个月。提供的服务包括洗衣、打扫卫生、整理房间、照顾孩子等。很多到当地做生意的人群都会请菲佣。

　　但是水、电、网费和房租却贵得离谱。居住在市中心，两居室一个月的租金大概在60000～65000比索，折合成人民币也要接近8000元，这样的租金水平，已经和广州CBD珠江新城的公寓有得一拼了，但房价却只有广州珠江新城的三分之一。

　　在马尼拉几个重要的区域，房价范围大约在每平方米2万～3.5万人民币，少部分偏高端的楼盘可能到4万元人民币以上。

　　高租金和低房价，保证了在这里的大部分区域租金回报率都可以轻松达到7%。

　　马尼拉不仅租金高，因为基础设施还不完备，水、电、网的成本也非常高。不过，2019年中国电信进驻了马尼拉，通信设施的完善，将会对一个城市的发展和人们的生活方式带来翻天覆地的变化。将会随着网速的加快，移动支付、消费贷、手机游戏将会涌入菲律宾。网站建设、信息传输、推广和宣传也会有不一样的玩法。

　　马尼拉几个核心区域很难见到和中国一样铺天盖地的中介门

店。点对点的个人服务可能更是当地中介工作的常态。在楼盘遇到的销售，也可能代理着多个项目。当通信设施全面升级的时候，这个市场的信息将会更加透明。

3. 外国人在马尼拉

马尼拉的外国人分两种，一种是中国人，以及在马尼拉定居多年的华人。另一种就是除中国人以外的外国人。

华人群体对于菲律宾来说是一个神奇的存在，华人几乎遍布了菲律宾的各大支柱性产业。比如菲律宾的华人社会著名的六大富豪是：

> ➤ 施至成 (Henry Sy)，菲律宾首富，创办了菲律宾最大的超市 SM 和最大的银行 BDO 银行。SM 的地产遍布马尼拉。

> ➤ 陈永栽 (Lucio Tan)，菲律宾航空董事长，创办了菲律宾最大的烟草公司和第二大啤酒厂。

> ➤ 杨应琳 (Alfonso Yuchengco)，前菲律宾驻华大使，菲律宾最大的保险集团中华保险的创始人。

> ➤ 吴奕辉 (John L. Gokongwei)，宿务太平洋航空创始人，集团旗下有菲律宾四大上市地产公司之一罗宾逊置地公司，被誉为"东南亚李嘉诚"。

> ➤ 郑少坚 (George S. K. Ty)，创办菲律宾最大的商业银行菲律宾首都银行。

> ➤ 吴天恩 (Andrew Gotianun)，创建菲人投资开发有限公司，著名银行家和地产巨头。

据不完全统计，菲律宾的华人数量约为 110 万，约占菲律宾总人口的 1%，其中大部分是在二十世纪四五十年代从福建和广东地区移居过去的，随后遍布菲律宾的各行各业，成为掌握当地经济命脉的一批人。马尼拉和宿务聚集了菲律宾大部分华人，其中马尼拉预计有四五十万华人。

马尼拉的外国人主要集中在几个核心区域：以娱乐业为主的帕赛市，三个CBD区域马卡蒂、博尼法西奥环球城、奥蒂加斯。马尼拉的CBD聚集了大量的银行和BPO（外包中心），全球许多大企业的呼叫中心、IT流程外包等都聚集在这些大楼里。当然，还有线上博彩业。

博彩业作为菲律宾大力发展的支柱性产业，近些年也不断吸引着全球各地的投资者。据与当地政府沟通较多的华人称，东南亚其他地区的博彩业也正在向马尼拉转移，为此也将带动更多的人口和资金。

而另一个让菲律宾与其他东南亚国家区别开来的是它的经济支柱之一BPO产业（服务外包）。当传统的中低端制造业向东南亚转移的同时，一些较低端的IT业务也正在转移至东南亚，其中菲律宾马尼拉就是一个重要转移目的地。

二、楼市

马尼拉是一个同时拥有中国一线和五线城市特点的地方。国际化程度和文娱生活丰富度远超过中国一线城市，更西方化。由于历史上被西班牙和美国殖民，马尼拉被称为"亚洲的纽约"。

马尼拉的CBD俨然有一线的模样，但市内仅通了三条轻轨，加上物价水平较低，又挺像国内三线城市。

另外，马尼拉贫富差距严重，这里普通工人的工资还不如中国四五线城市。楼市也体现出自己的特点：

（1）与东南亚几个比较火的城市相比，马尼拉房价不算高，但涨幅不错。

（2）市中心住房明显不足，租金相当可观，租金回报率在周边国家靠前。

（3）付款方式独特，付款周期长，压力小。

（4）中介市场不成体系，运营模式与国内很不一样。

（5）超过 5 万美元的房产可以申请永居签证。

（6）风险点：烂尾风险、政治风险、汇率风险。

1. 马尼拉的房价处于什么周期？

马尼拉房价从 2017 年下半年开始突然加速。这里的马尼拉，指的是"大马尼拉"的首都圈概念。当地人把这一大片首都圈统称为"马尼拉"。

马尼拉城市发展集中度很高，投资思路很清晰，跟着人流和高楼跑，成功概率更大。投资这些区域更安全，价值更高。

马尼拉目前发展比较好，人流密集的区域有 5 个：

（1）马尼拉市，以前的老市中心，美国大使馆、国际会议中心、大学和名胜古迹的集中地。住房需求以本地人和大学生居多，因为马尼拉的大学不提供学生宿舍。

（2）帕赛市，游乐园、赌场、Mall of Asia 所在地。周末酒店经常爆满。住房需求以赌场员工和 BPO 员工宿舍为主。

（3）马卡蒂市

（4）博尼法西奥全球城

（5）奥蒂加斯

这三个区域是马尼拉的银行总部、保险、BPO、IT 交付中心所在地。马卡蒂和博尼法西奥全球城的租金和房价也是最高的。住房需求主要是上面这些企业的员工、外国人偏多，其次是本地中产和富豪。

过去七年，马尼拉公寓价格一路上涨，涨幅最高的是 2019 年第三季度和 2020 年的第二季度，分别同比上涨 33.8% 和 36.4%，如图 3-4 所示。

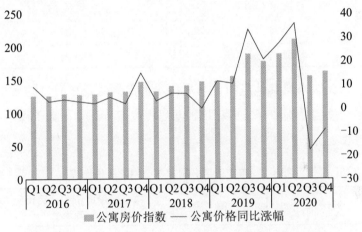

图 3-4　大马尼拉房价及其同比涨幅，2014 第一季度 =100

拉长周期看马尼拉市中心的房价，还要看风向标——CBD 马卡蒂的房价走势。

现在的马尼拉市中心，房价正处于稳步上涨的阶段。在过去二十多年里，马尼拉经历了两次房价下跌，一次是 1998 年之后，一次是 2008 年后，不过恢复速度非常快。

在 2008 年的全球经济危机中，马尼拉市中心的房地产市场有降温的趋势，但房价下跌仅持续了不到两年时间，最大年跌幅仅为 6%。如果把它看作一只股票的涨跌幅，它完全称得上大牛股了。

目前马尼拉的新房价格比二手房略高，这个与其他国家的规律一样，如表 3-1 所示。

表 3-1   大马尼拉各区域房价区间

区　域	房价区间（人民币元 / 平方米）
马卡蒂	3 万～ 4 万元
博尼法西奥全球城	3.5 万～ 5 万元
帕赛	3 万～ 4 万元
马尼拉	2 万～ 3 万元

相比东南亚其他城市，马尼拉房价优势还是很明显的，与这些年大热的曼谷和胡志明相比，马尼拉的房价还有很大上涨空间，如表 3-2 所示。

表 3-2   东南亚部分国家核心地段房价比较

城　市	国　家	核心地段房价（人民币元 / 平方米）
胡志明	越南	5 万元以上
曼谷	泰国	6 万元以上
金边	柬埔寨	2.5 万元以上
吉隆坡	马来西亚	3 万元以上
马尼拉	菲律宾	3 万元以上

2. 马尼拉的楼市里都有谁？

一个开放的房地产市场的参与者，大体包括开发商、中介、本地买家、外国买家、租客。

（1）开发商

马尼拉的开发商，以本地开发商为主，比较著名的有 Ayala、SM、DMCI、Megaworld、Federland、Rockwell Land，Ortigas & Co.，不过有些开发商的项目质量和设计感真的惨不忍睹。比如 SM，很喜欢做密度高的小户型，如图 3-5 所示。

图 3-5　开发商 SM 的一个楼盘

（2）中介或者代理商

很奇怪的是，走在市中心很难看到中文广告牌，在住宅楼较多的地方也很难找到房产中介，更不用说华人中介。这里的中介，或者说代理商，很多是个人行为，点对点的服务。许多售楼部里的销售，他们的手上会同时代理着其他区域好几个楼盘。即使是在当地找菲佣，也需要用这种模式，要么是熟人介绍，要么是上网找中介的联系方式。

好处是说明当地的工作模式还是以本地人为主，专门做中国人生意的趋势还没有形成。在资源集中度很高的菲律宾，一个中介或者代理靠不靠谱，很快就会在业内传开。坏处则是外地人刚到容易两眼一抹黑，找不到合适的资源聚合平台。

（3）谁在买？

菲律宾政府有规定，一个楼盘外国人拥有的比例不能超过40%。

本地人中，有当地华人（华人相对来说比较有钱）、菲律宾中产和富豪。2017年菲律宾人均GDP接近3000美元，马尼拉的人均GDP也超过9000美元了，和陕西省的人均GDP差不多。当地的中产已经有了一部分购买力。

外国买家中，现在正在卖的楼盘里，以中国人居多，其次是日本人和韩国人。一部分是为赌场员工购买的宿舍，一部分是投资。即便如此，售楼部里仍然找不到任何中文宣传和中文销售服务。

前几年菲律宾零首付盛行，有部分炒楼花的人借着机会大批买楼，也在一定程度上推了一把房价，部分楼盘有虚高的可能。不过最近的情况是，零首付楼盘极少，批量买楼的情况也少了很多。

马尼拉住宅市场的供需求状态还是比较健康的，每年的住宅售出套数稳定在4万套以上，2014年到2018年平均供应量在每年3.5万套左右，仍然保持供不应求的状态。

（4）租客是谁？

投资者最关心的还是买房之后如何出租的问题。马尼拉各个区域的功能划分也很明显，老城区以本地人和学生居多，因为当地大学不提供学生宿舍，外地学生只能租房住了。这一类需求比较稳定，在菲律宾四大名校之一的德拉萨大学附近，一个二三十平方米的小公寓，一个月租金接近5000元人民币，所以大学生一般会选择和同学合租。

帕赛市聚集了当地最大的几个赌场，还有很多外包中心的办公大楼，赌场员工和外包中心的员工是主要的租客群体。因为需求大，人口密度高，这个区的公寓以小户型为主，套内面积 35 平方米都可以做到两室一厅一厨一卫。一套两居室公寓，每个月租金在 60000 ～ 65000 比索（约 8000 元人民币）。

剩下的区域就是马尼拉的 CBD 了，马卡蒂和 BGC 的租金、房价算是马尼拉最高的区域，Ortigas Center（位于塔吉格市）是近年新建的 CBD，租金和房价也有追赶老 CBD 的势头。租客以外国人居多，楼盘定位偏中高端。

由于低房价和高租金，这里的租金回报率可以轻松达到 7%，有些可以做到更高。当然起码要是人流量高的市中心，所以地段是关键。

马尼拉的租金支付方式也是非常的神奇，押二付十二，或者押二付六是惯例，到期不交房租就有被房东扔行李的可能性，想赖着不走，那就等着警察来帮忙搬家吧。

3. 要买房，先读说明书

土地限制：外国个人不能买土地和别墅，只能买公寓。

份额限制：一个楼盘里卖给外国人的比例不能超过 40%。

产权时间：永久产权。

按套内面积计价，无公摊，精装修。

付款方式：少量首付加分期付款 / 贷款，或者零首付加交房付尾款 / 贷款。

零首付前几年很火，现在很难找到这样的项目了，而且尾款压力太大。现在主要是分期付款，首付比例看开发商，分期付款要问清楚包不包含利息，每个月利率是多少，分多少期付款。开发商在时间上让的利，买家得用利息还回去。

有些在明年或者后年就要交房的项目，首付款可能会高一些，虽然前期资金压力略大，但这种方式也挤压掉了一部分想利用低首付炒楼花的投机群体，对于老实收租金等增值的人群来说更安全。

税费：买房时包含交易税费，转让楼花时需缴纳更名费，房产出售时还需缴纳 6% 资本利得税。

SRRV 永久居留签证：如果在菲律宾购买超过 5 万美元房产，可以申请办理 SRRV 签证（相当于菲律宾的绿卡，与购买房产无捆绑关系），但必须一直持有，否则签证会被取消。如果未来房产要出售，也需要同时购买另一套 5 万美元以上的房产才能继续持有签证。

三、经济

1. 马尼拉的经济靠什么？

相比其他东南亚国家，菲律宾有自己独特的产业优势。它的服务业里除了东南亚都有的旅游业，还有 BPO（服务外包）和博彩业。它是唯一既享受了制造业转移的红利，又有现代服务业转移红利的东南亚国家。

BPO 被称为菲律宾服务业"皇冠上的明珠"，2016 年，菲律宾国内上千家 BPO 公司产值达 250 亿美元，吸引就业人数超过 130 万人。预计到 2022 年，BPO 行业收益将达到 400 亿～ 550 亿美元。

马尼拉的 CBD 里，到处都是外包中心的员工。北美和欧洲将许多流程化的低端服务业外包给劳动力成本更低的新兴市场国家，例如呼叫中心、较基础的 IT 服务和数据处理等产业。印度和菲律宾就是主要的承接地。

博彩业也是菲律宾服务业中的大头。从 20 世纪 70 年代开始，菲律宾博彩业合法化，90 年代是这个行业发展的高峰期。亚洲博彩业比较发达的城市有澳门、大阪、马尼拉和金边，近几年东南亚部分城市的博彩业也都在往马尼拉转移。

菲律宾经济还有另一个特别的地方，就是大量的海外劳工汇款。菲律宾是全球主要的劳务输出国，最出名的就是菲佣和护士。目前菲律宾有 1000 多万人在海外工作，仅 2016 年海外劳工汇款就达到了 269 亿美元，占 GDP 的比重为 7.3%。

东南亚国家有一个普遍的优势——人口，菲律宾的劳动力基数更大。2015 年菲律宾人口刚超过 1 亿人，是亚洲为数不多的几个人口过亿的国家。15 岁以上人口有 6715 万人。大马尼拉地区的人口接近两千万人。

菲律宾的生育率非常惊人。作为东南亚最大的天主教国家，菲律宾有超过 80% 的人口为天主教徒。天主教不允许堕胎，也不鼓励避孕，所以一个家庭有四五个小孩是很常见的。

房价低、租金高，住宅市场供不应求，经济增长快，有区别于周边国家的产业优势，同时又拥有庞大的年轻人群体，马尼拉的房价前景可期。

但也有风险。海外投资特有的风险是政治风险和汇率风险。另一类风险是遇到烂尾楼，马尼拉建楼工期普遍在五年左右。很多开发商刚圈了地就开始预售，不确定性太高。规避方法是选财力雄厚的大开发商或者选快交房的项目。

2. 发展重心往北部迁移

看马尼拉哪些区域有投资潜力，有几个简单粗暴的方法：一看哪里人多，这样可以筛掉一大半未来不明晰的地块，尽量不碰看不懂的区域。二看最大的几个开发商都在哪里圈了地，这既代表了政府的规划方向，也代表了开发商重金支持的地块。

大马尼拉一共由 17 个市镇组成，不过人口比较集中的就属中心那七八个区域，所以政府的各项资源分配也主要集中在这些地方。但从人口分布来看，密度比较高的几个区域，各自功能划分也很清晰。

（1）马拉提（Malate），也就是老马尼拉区，各类大使馆、历史古迹所在地，是马尼拉四五十年前的市中心，本地人集中。

（2）帕赛市（Pasay），四大赌场所在地区，有 Mall of Asia 和游乐园，是最近政府开发的以娱乐功能为主的区域。这里外国人居多，较少本地人居住。

（3）马卡蒂（Makati），马尼拉的老 CBD，自 2019 年以来基本无新盘在售，也没有地块做大型的开发项目。

（4）BGC，马尼拉的第二大 CBD，集中了大量的外企总部和 BPO 大楼，是外国人做多的一个区域。目前还在预售的新楼盘非常非常少，单价在 4 万～ 5 万元人民币 / 平方米之间。

（5）奥蒂加斯（Ortigas），马尼拉第三大 CBD，位于整个大马尼拉的正中心，绝佳的地理位置使得奥蒂加斯成了目前几大开发商争抢的地块。

（6）奎松市（Quezon），马尼拉人口密度最大的一个市，也是富人比较多的一个区。未来南部铁路、地铁、轻轨三线交汇的地方。除了奥蒂加斯外，奎松市就是新项目最多的一个地块了。

目前在售楼盘比较多的地块就两个，奥蒂加斯和奎松。最近两年，菲律宾前五大开发商在这两个地区疯狂圈地开卖，既是开发商真金白银的投资，也有政府引导的原因。

在马卡蒂和 BGC 这两大 CBD 无房可买、无地开发、地价飙涨的状况下，开发商把目光投向未来政府的重点关注对象——处在南北必经之路上的奥蒂加斯和奎松市。

3. 为什么开发商都在争？

地价便宜、人口集中、交通要道，这些是最重要的原因。

谁先买到地，谁就是赢家。奥蒂加斯地处大马尼拉的中心，往北可至奎松，往南可至马卡蒂和 BGC，不堵车的情况下 30 分钟可到马卡蒂，交通很方便。再加上这里房价便宜，单价大约在 1.5 万～2.5 万元人民币之间，相比马卡蒂和 BGC 均价 3 万～5 万元人民币的房价还是友好很多。所以很多大企业都将总部设在了这里。比如：亚洲开发银行、汇丰银行菲律宾总部、菲律宾最大银行 BDO 总部、菲律宾证券交易所、香格里拉酒店、菲律宾最大快餐品牌 Jollibee、亚洲最大啤酒商之一 San Miguel 总部……

奥蒂加斯加上奎松，聚集了马尼拉最多的富人别墅区，光是Valle Verde 就有 6 个别墅群（Valle Verde 1-6）分布在这两个区域。

马尼拉轻轨地铁线路还不完善，目前已通车的是 3 条轻轨（其中一条在整修），人流量巨大。所以大部分家庭都是开车上下班。C5 大道就成了开车通勤的交通要道，因为这条大道穿过整个奎松市和奥蒂加斯，一直延伸到 BGC，最终目的地是机场。

C5 大道沿线，就是现在各大开发商争抢的宝地。沿途 Ayala，Rockwell，Vistaland, Megaworld，SMDC，Robinson，DMCI 纷纷入驻。而奎松和奥蒂加斯的地价房价相比 BGC 来说，还是一个价值洼地。

奎松成为开发商眼中的新宝藏，除了 C5 大道的经过，还有几个原因。

（1）2019 年 2 月开工的马尼拉第一条地铁线将从奎松发车，日本是援建方，预计 2025 年开通，并会与现有的轻轨 2 号线在奎松交汇。

（2）已有的轻轨 2 号线和 3 号线交汇点也在奎松。

（3）2019 年 2 月开工的南北通勤铁路，全长 150 公里，从奎松北部的克拉克新城穿过奎松，延伸到机场南部，预计 2025 年开通。

（4）马尼拉正在规划第二个机场（第一个机场在南边），非常有可能建在北边，也就是奎松市附近。

见识过马尼拉的"堵"之后，就会明白轻轨、地铁和高速公路的开通对于交通出行意味着什么。通车之后，不仅能将 CBD 附近的一部分人群疏散到奎松，也能吸引很大一批外省进入马尼拉工作的年轻人。这一部分人将给奎松和奥蒂加斯带来庞大的住房需求。只要有庞大的住房需求，房价就不会跌。

4. 接盘的人

菲律宾人有个特点，就是喜欢买大品牌产品，买车买房都是。前十大开发商的在售楼盘，销售速度非常快，哪怕是周边什么配套都没有的楼盘，由于是大开发商的项目，本地人也是抢着买。

尤其是在投资客还没有关注到的奎松，销售情况与 BGC 完全不一样。奎松的项目大部分被本地人买走，所以基本不用担心外国人份额超标。而 BGC 的项目则是外国人份额逼近临界点。

而专做高端地产的菲律宾第一大开发商 Ayala 单在奎松就有四五个住宅项目，BGC 的中心地块更是被 Ayala 全包，但这些项目一开盘，往往就有80%以上的房子被预订，根本轮不到外国人来购买。

只要中产及以上家庭的数量在增长，就会有庞大的群体进入购房市场。而只要低收入人群收入跟随国家经济发展同步上涨，就能保证有足够的群体进入租房市场。

2025 年正是马尼拉南北铁路和地铁线开通的年份，这之间的时间，就是留给马尼拉楼市的新机会。

不同的操作思路适合有不同需求的投资者：

（1）低首付的项目，适合希望用杠杆撬动未来五年收益的人群，但请认准大开发商。

（2）准现房项目，适合希望马上享受现金流红利的人群。

（3）无论选择哪一种，只要是抓住了马尼拉发展的新趋势，就不亏。

（4）先从本地人口集中的区域选筹。

（5）盯紧几大开发商的新动作，都在抢的地块别错过。

（6）求稳就买几大 CBD 附近，不过马卡蒂和 BGC 房价上涨空间有限，而且新房难寻。

（7）求增长就选未来规划中的新区域奎松和奥蒂加斯，首选 C5 大道附近。

（8）低首付和准现房怎么选，看你要杠杆还是要现金流。

第三节
柬埔寨：快速崛起带来的机遇与风险 》》》

　　柬埔寨经济支柱产业主要包括制衣制鞋业、旅游业、房地产业、建筑业、农业。受疫情重创，2020年柬埔寨经济萎缩了4%，其中旅游业损失最为惨重，亚洲开发银行（ADB）最新报告指出，2020年柬埔寨接待国际游客同比下降了98%。制衣业相较于旅游业情况稍好，2020年共计129家制衣厂关闭，涉及7万多名工人的生计，同时也有112家工厂新开业。进入2021年，制衣、制鞋业情况逐步好转，各方面发展保持平稳状态，原材料短缺的问题也没有再出现。此外，政府在疫情期间稳抓基础设施建设，以此来拉动建筑、钢筋、水泥、建材、电器、运输、金融等相关链条产业的发展。由中国援建的新国家体育场已于2021年5月竣工，为2023年主办第32届东南亚运动会做准备；金边新机场、暹粒新机场、金港高速等基础设施都在疫情期间逆势而上，基建稳固，则疫后经济复原迅速。为促进和扩大国际贸易，柬埔寨加快了经济多样化战略计划的实施。2020年12月29日，柬埔寨在西港"A区块"仙女油田开采出"第一滴油"，这是柬埔寨迈向新兴能源国最关键的一步。在开发的第一阶段，预计石油产量最高将达到每天7500桶，据柬埔寨经济和财政部预测，整个区块约能生产出3000万桶石油。

　　从2008年至2018年，由于全国经济的发展、外国投资的涌入、以及新一代中产阶级的本国人对城市中心住房的需求，柬埔寨的房地产和建筑业取得了显著的增长。此外，有关外资所有权的法律也在不断地加强，房地产开发公司和机构的专业化，这些因素使得人们对柬埔寨的整个房地产市场充满了信心。另外，在柬埔寨注册的房地产公司数量也在大幅增加，一些国际公司，如莱坊国际（Knight Frank）、世邦魏理化（CBRE）、21 世纪地产（Century21）和电子房地产协会（ERA）也进入了市场。这些国际公司及其所建立的声誉让投资者对柬埔寨房地产市场的信心加倍。在新发展的市场中，国际公司如香港置地、奥克斯利控股、信德集团、HLH 集团、太子地产、富力地产、子午国际控股、悦泰集团、Graticity 房地产开发（GRED）以及其他许多公司表示对柬埔寨的潜力充满信心。

一、"地二代"

中国房产开发商挤满了柬埔寨？

柬埔寨的房子将来只能卖给中国人？

中国人既是最大赢家又是最大输家？

……

在柬埔寨楼市大热了一年多以后，柬埔寨首都金边的变化出乎意料：在金边，不缺钱的本地年轻人越来越多，他们对配套齐全的服务式公寓兴趣越来越浓；在金边，外国人越来越多，但适合他们居住的欧美风服务式公寓却少之又少；在金边，愿意消费的当地中产家庭越来越多，他们已经对生活品质有了明显追求。

在柬埔寨，大胆的投机者或许偏爱让肾上腺素飙升的西哈努克港，游客或许更乐意到暹粒参观神秘的吴哥窟，而金边则保持着一年一个台阶的成长状态，仍然是投资者的首选。

　　"我刚到金边的时候，一眼望去几乎都是荒地，现在非常热门的钻石岛，那个时候就是一片泥潭而已。"

　　华裔柬埔寨人秋凉（化名）在金边生活了五年，但他的曾祖父是潮汕人，所以他中文讲得非常不错。当秋凉第一次来到金边的时候根本想不到金边会发展成如今的模样，金边发展的速度竟如此惊人。如图 3-6、图 3-7 所示。

图 3-6　钻石岛上的楼盘都在施工中（2019 年）

图 3-7　2017 年的钻石岛

秋凉拥有土地，而且是三块。在柬埔寨，私人拥有土地所有权，本地人可自由买卖土地。不过，曾经有人出价 100 万美元买秋凉手上的土地，都被他拒绝了。秋凉的理由也很简单："价格还会上涨的。"

在柬埔寨，像秋凉一样家里有资本，兼有一定财富启蒙的年轻人数量越来越多。27 岁的国民平均年龄总是会让人联想到工厂里汗如雨下的工人，年轻人能够出售的似乎只有力气。但是伴随着柬埔寨低平均年龄的年轻人，还有他们不断上升的教育水平。近几年涌入的外国人也在间接地打开柬埔寨年轻人的视野。

柬埔寨私人可以拥有的土地是他们最后的底线。柬埔寨人在自己的土地上建起一座座排屋，再把排屋的第一层作为商铺出租，如图 3-8 所示。外国人不能购买整栋排屋，只能拥有第一层以外的部分，也不能拥有土地。

图 3-8　金边随处可见的排屋，第一层作商铺

在这个大部分土地为私人所有的城市，拆迁排屋的难度巨大，速度也非常慢，因此可供开发商用来建公寓、商场的土地非常稀缺。因此，受紧缺的土地资源影响，柬埔寨房产市场是注定供不应求的。

像秋凉这样年轻的"地二代"在金边到处都是，而这些"地二代"，就是中国人出海买房时寻找的自己房产的下一任买家。

近年来，中国投资者疯狂涌入柬埔寨，他们不愁房价涨幅，不忧租金回报，只担心脱手时无人接手，找不到"接盘侠"成了悬在这些中国人头上最大的一朵阴霾。这是因为外国人在柬埔寨只能购买两层以上的公寓，而老一辈的本地人却偏爱祖辈上延续下来的排屋。

柬埔寨人真的不喜欢买公寓吗？首先不可否认的是，大部分柬埔寨人是乐于住在排屋的，这符合他们祖祖辈辈的生活习惯。目前柬埔寨的"90后""00后"正值适婚年龄，正是搬离排屋甚至置换掉旧房屋的阶段。拖着一大家子的他们，如果还要在车水马龙的闹市中心花费大力气建造排屋，过着不自由的生活，这跟他们所向往的理想生活相去甚远。

这个世界没有多少人会拒绝更好的生活。柬埔寨的年轻一代也一样，希望房子周围有足够的配套和便利的交通，安全宁静不受打扰，还有高品质的房屋质量和后续管理，如图3-9所示。而这些，都是现代化服务式公寓相较于排屋的优势。

图3-9　金边的服务式公寓

　　更重要的是，金边不缺钱的年轻人很多，他们手里有地，有排屋，可以卖地也可以出租排屋做商铺，几百美元的工资收入只是冰山一角。

　　目前金边有 200 多万人口，而符合年轻人需求的服务式公寓仅有 2 万多套。像秋凉一样涌入首都的年轻人一定会加速金边的城市化进程，而在不断升级的生活体验面前，传统排屋的竞争力将会不断下降。

　　金边还有另一种正在冉冉升起的公寓市场，也就是面向欧美日韩来的外国人而建造的新型服务式公寓。

　　简单来说就是类似于伦敦或纽约富豪居住的"城中村"，是一个自给自足的新型社区，也是一种房价非常抗跌的社区形态。

　　而除了这些更像欧美服务式公寓的社区兴起，金边也营造出了与国际接轨的创业氛围。金边目前拥有一个全柬埔寨乃至整个东南亚都难以看到的众创空间，就在南部的 ING 新城，从这里驾车前往市中心只需 15 分钟，如图 3-10 至图 3-13 所示。

图 3-10　众创空间外部涂鸦

图 3-11　众创空间自带共享单车

图 3-12　餐厅随处可见讨论项目的外国人

图 3-13　正在施工的配套住宅

　　这个社区前身是一间纺织厂，专门代工知名牛仔裤品牌产品。厂长是香港人，儿子从美国留学回来后萌发了改造厂区的想法，于是就照着纽约的感觉彻底改造了这片工业园区。

　　想不到，这一举措深受欧美人欢迎，他们纷纷把自己的初创工作室搬到这里，并且在这里举办各种各样的活动。

　　据悉，周末在这里举办一场中小型活动的场地租金在 3 万美元 / 天左右，而在上海可能只需要 5 万元人民币。如果还想在金边其他地方找到类似环境优美、设备完善的场地，只能到写字楼或者酒店，而那些地方的租金都是十万美元起步了。

　　位于 ING 新城的这个众创空间几乎算是独一无二的存在，既吸引了大批欧美人，又以优质的服务增强了欧美人对它的使用粘性。

　　而这背后，反映出的正是外国人在不断地涌入金边。据统计，目前金边的流动外籍人口约有 20 万人。这个数据是柬埔寨央行通过统计在当地银行开户并且有流水记录的外籍人士的账户数而得出的。

　　金边房地产市场的需求越来越多样，同时本地人对服务式公寓的兴趣越来越浓，而能够与不断上升的需求相匹配的公寓供给却非常稀缺，因为土地开发十分艰难，并且主要由市场驱动而非政策统一规划。在这样的背景下，金边好地段的优质公寓只会越来越难买，直到供需关系接近平衡。

二、欲望都市

　　"欲望都市"金边，是历史的产物，也是时代的宠儿。

　　柬埔寨从 1863 年开始成为法国殖民地，直到 1953 年柬埔寨王国实现独立。整整 90 年，法国人对柬埔寨影响深远。

法国人给柬埔寨人带来对生活保持欲望这一理念，刚好碰上了柬埔寨发展最为迅猛的时代，收入的增长与物质的欲望相碰撞，所带来的结果便是柬埔寨年轻人对生活品质开始有了追求。

野心、荷尔蒙、消费升级，金边释放的欲望可能与其他大城市不尽相同，但归根到底，追求财富的欲望之火，已经在这片土地上点燃。

金边最引人注目的欲望是国家的野心。五年前，钻石岛还只是一片泥潭。华人方侨生是这里的拥有者，政府与之协商良久后，方侨生同意开发，而后成立了金边第一个按照特别行政区进行管理的卫星城。而这个钻石岛，对标的就是上海陆家嘴。

眨眼间，钻石岛从泥潭变成了一个占地 100 公顷的大工地，发展的速度十分惊人，近年来已陆续建起了别墅区、中高档公寓、商城、酒店、写字楼。

由于土地为私人所有，金边大部分地区实际上都是由财团或者大企业主导开发。但是钻石岛却是金边第一个政府规划的特别行政区域，总理更是下了死命令，要把这里打造成金边陆家嘴。

从地理位置和经贸建设来看，这里也确实有模仿陆家嘴的野心，不仅在钻石岛东边规划了轮渡码头，岛上还将对标东方明珠塔，建起一座高 555 米的地标——钻石塔。

钻石岛未来能不能成为金边陆家嘴还不好说，但政策驱动与市场驱动相比，最大的特点就是强制性和快速性。

钻石岛是一座卫星城，三座大桥连接着它与金边市区。人们一下桥马上就能感觉到它与金边市区的极大不同。路面平整美观，上空没有裸露的电线和大棚，路边随处可见一整片的绿地，这绿化面积在缺少高大山地的金边简直是独一无二的存在。

让金边真正成为"欲望都市"的，是弥漫在这里的荷尔蒙。柬埔寨人爱赌。柬埔寨是热带季风气候，到了雨季经常会在午后迎来雷阵雨，但雷雨云的走向和大小都是随机形成的。柬埔寨人就利用这个随机性，逐渐形成了"赌雨"的日常消遣。

"赌雨"的胜负标准是放一张白纸在楼顶，如果下雨了，就看白纸的湿润程度，筹码从50美元到200美元不等。说白了，这就是小打小闹，等到夜幕降临，真正的好戏才开始上演。

华灯初上，湄公河和洞里萨河的交汇点开始变得喧嚣起来，这里便是金边地标之一，Naga金界赌场。

赌桌上都是中国人，有戴着花帽子的老奶奶，也有满脸好奇的二十来岁的年轻人。本地人则偏爱类似老虎机的赌博机，每人一台，无暇理会身边发生的事情。

在柬埔寨，开赌场是要有牌照的，但为了维持首都金边的其他职能，总理洪森的要求是金边方圆100公里内不能再有第二间赌场。因此，整个金边就只有Naga这一间实现了垄断的赌场。

不过，从金边出发，向西南方向直线移动约150公里，就到了西哈努克港。而西哈努克港持有牌照的赌场数量已经超过了100家。

柬埔寨经历了殖民统治、战乱和大屠杀，现在正处于发展最快的历史阶段，人民对未来都是充满了希望的，只要实地考察过哪怕一次，什么不思上进的落后贫穷之类的说法都会不攻自破。

柬埔寨经济政策非常自由，当地人想多赚点钱十分容易。这意味着柬埔寨人有大把的机会去追求财富。

有财富，就会有更多欲望，而欲望将带来更多的财富。这跟日本和欧洲的"低欲望社会"形成了极其鲜明的对比。地产泡沫破灭后，日本迎来了"失去的二十年"，从与美国比肩的经济大国，到 GDP 被中国超越。低利率、低生育、低消费，带来的是一个低欲望的社会，和缓慢发展的经济。

如今的欧洲，也显现出日本"低欲望"的苗头，长期高福利下的年轻人，缺了一份为了更好的生活而努力攫取财富的劲头，阶层更固化。而金边的欲望，才刚刚开始。

金边不仅能让个人的欲望升级，也能帮助一个家庭实现消费升级。从 ING 新城再往南走，可以看到一大片相似的建筑工地。不过，这里未来不是另一个楼盘，而是落地金边的第三间永旺超级商场。

2015 年，日本人第一次将永旺商场开到了金边。本来按照设想，金边的消费水平完全承载不了永旺这种体量的商业体，日本人能够用十年收回成本已经是奇迹了。结果让人大跌眼镜，永旺不仅用一年半的时间就收回了成本，还趁热打铁开工了第二期永旺商场。

日本人对发达国家的市场评估经验，在这里完全失效了，永旺低估了金边的消费力。

永旺的物价比本地的奥林匹克市场、乌亚西市场和中央市场都要高，但是根本阻挡不了本地人的消费热情，而且像大米和油这种生活必需品的价格其实还是能接受的。

将 Naga 赌场、永旺一期和赌场旁边的钻石岛作为三个顶点连起来得到的这个三角形区域，将是至少五年内的商业心脏区域，所对标的则是中国上海的浦东新区。而按照本地人的消费升级趋势，这个心脏区域必定是东西方财富齐聚的一个地方。

第四节
泰国：成熟的海外生活地 》》》

最常被拿来和曼谷比较的中国城市是成都。成都是中国文化旅游和经济中心之一，这和曼谷很像。更像的则是它俩的生活节奏和都市氛围，感觉都是比较慢的。

不过，投资客看重的是收益。从这个角度去看，最适合和曼谷对标的中国城市其实是杭州。作为中国大陆东南沿海的经济大省浙江的省会城市，杭州毗邻上海，还是中国两大互联网公司——阿里巴巴和网易总部的所在地，杭州甚至享有许多一线城市没有的待遇。

1. 这个城市经济潜力无穷

曼谷在泰国经济中是处于第一水平的。2010 年，曼谷 GDP 占泰国 GDP 的比例为 29.1%，至 2015 年，曼谷的人均 GDP 仍在全国平均线的两倍以上。杭州的人均 GDP 也是中国大陆平均水平的两倍，但要说占比，杭州就少多了。

曼谷的经济增速逊色于杭州，所以被杭州快速拉开距离应该是大概率事件。但曼谷是东南亚重要的国际城市，泰国金融主要集中在曼谷，此外，许多国际品牌公司的东南亚总部也选址于此。在这一点上，杭州差距就比较大了。

提到杭州就会想到它是第一个"无现金城市"，其实曼谷在移动支付方面也不逊色。2017 年初，泰国政府就立志要让曼谷实现无现金支付体系大量覆盖。根据泰国央行的数据统计，2017 年下半年，电子支付的交易量就占总支付量的 85.5%，电子支付在泰国的重要地位不言而喻。日本的通讯软件和曼谷当地银行的无现金支付方式，在曼谷的使用范围更广。信用卡方面，同样也是日本银联（JCB）抢了中国银联的风头。

2. 生活成本低的国际大都市

曼谷的物价大约是北上广的一半。餐饮价格低，在曼谷的各大商场的美食街或是路边摊只需要 25 ～ 40 泰铢（大约 5 ～ 8 元人民币）就可以吃到一碗河粉或者炒米饭。

交通花费上，跟广州比，轨道交通差不多，但出租车是真便宜，这里的出租车大多用的是天然气，平均每公里 1 元人民币。每到周末，许多曼谷的家庭会前往海边度假。从曼谷市区到芭提雅需要 2 个小时左右的车程，包一辆出租车单程车费只需要1000 ～ 1500 泰铢（约 200 ～ 300 元人民币）。

除了在路上跑的，天上飞的也很便宜。例如从曼谷临时购买飞往清迈的单程机票，亚洲航空经济舱含税的票仍会很便宜，往返含税 100 元人民币的机票也很容易买到，去普吉岛也差不多。

一进入曼谷就来到了东南亚的中心，这里前往周边的国家，如马来西亚、柬埔寨、新加坡等都非常方便，机票的价格也不贵。

3. 旅游大热，但却不是它的主要收入来源

提到出国游，相信没有人会漏了曼谷。

根据 2019 年万事达卡国际组织公布的全球目的地城市增长指数报告，曼谷连续两年超越伦敦和巴黎登顶"全球最受欢迎的旅游目的地城市"。

2017 年来自中国的游客成为泰国的主要客源，增长了将近12%，达到 980 万人次，占外国游客的 27.7%。2017 年东盟国家去泰国的游客也就 912 万人次，中国游客人数比 9 个国家的游客加起来还多。980 万人中有超过 600 万人涌向了曼谷，也就能看出曼谷在整个泰国对国人的吸引力了。

要论旅游，杭州绝对不输曼谷，"上有天堂，下有苏杭"，西湖景区一年吸引千万内地游客前往。然而，在 GDP 占比上，杭州比曼谷更依赖旅游业。从 2016 年旅游收入占各自 GDP 的情况来看，杭州比曼谷多出了整整 9 个百分点。

除了旅游业，泰国的经贸、服务业、制造业也在创收，还有一个正在蓬勃发展的产业——房地产业。泰国地价猛涨，推动了房地产的发展，开发商疯狂拿地。

4. 地少房贵

（1）房价、租金

在曼谷，仅一街之隔，年代久远的平房和新盖公寓就形成强烈的视觉反差。这样的情况随处可见，这是永久产权国家城市规划的特点。所以，中心区的房价能跟几百米外的居民区相差人民币 5000 ～ 7000 元 / 平方米。

说到房租，相比于杭州核心地区平均仅有 2% 的租金回报率，

曼谷的回报会更高一些。Rama9 中心的一座公寓的租金回报率是 5%，大部分投资型的公寓租金回报率也都在 4% ~ 5% 之间。从这一点来看，曼谷市中心的租金和房价都比杭州要高，但它也暗示了曼谷核心区楼市的涨幅和供求关系是正常的。

（2）供应量

曼谷的面积不算大，整个都会区才 7761 平方公里，与杭州市区面积（8000 平方公里）差不多，但可以称得上曼谷市区的面积仅有 1569 平方公里。曼谷单位密度是杭州的两倍。

面积大意味着房源多。根据房价行情网 2018 年 5 月公布的信息，杭州目前有 4605 个楼盘，57.6 万套二手房。根据莱坊国际的统计，曼谷则有 53.9 万套的新公寓和二手公寓（不包括别墅、排屋），库存量应该在杭州之下。

库存量的充足一定程度上稀释了杭州的房价，跟曼谷"集中式建设"的城市规划不同。曼谷原本面积就小，又有未开发居民区占据，地皮就更稀缺了，房价因而水涨船高。

（3）曼谷周边的楼市情况

随着市中心的房价不断攀升，对于中国投资者 150 万元人民币以下的预算来说，市中心的房产是越来越买不起了。但是，曼谷周边除外。

开发商考虑的是，在这些地方拿地可以拿到更便宜的价格，建成的公寓价位区间更为人所接受，而轨道交通也能很好地避开曼谷经常堵得水泄不通的交通问题。

但是因为市中心的供应还相对充足，房租对于目标租客来说也算合理，所以市周边的公寓在竞争力上略逊一筹。就算是名开发商、毗邻已经开通的地铁站的好楼盘，只要是在市周边的，租金回报率也只有 3%，甚至更低。

5．房价继续涨

曼谷房价持续涨主要有两点原因。

第一，曼谷的未开发区，虽然因为永久产权制度，这些居民区仍破旧，开发起来也更有难度，但是可以预测的是，爱消费的泰国年轻人不会甘于长期待在这里。

公寓有优越的配套设施以及舒适的生活环境，这正对了泰国人的胃口，在拥有经济基础的情况下，相信曼谷的投资前景会比金边更明朗，因为一群泰国的中产正在酝酿形成。

出于发展的需要，人口会逐渐聚集到泰国的首都曼谷。人口流入使得未来靠近公共交通、市中心的地皮会异常紧俏，为了出行方便，本地人也会愿意在市内买一套房。曼谷房产购买主力是当地人，这是可以预见的。

第二，人们对房价的预期很高。在排除地段、环境和基础设施等因素的情况下，房价的高低很大程度地取决于人们对这块地的预期。比如人们都预期素坤逸区会涨，于是它目前的房价已经超过了 5 万元人民币 / 平方米，在乐观情绪蔓延的大环境下，它仍会上涨。

同样的，一些周边区域也享有高预期的待遇，比如距离中泰铁路中转站曼谷车站较近的地铁站邦松站（Bang Son）周边。但这一类看好"未来"的项目就没有素坤逸区这样有实实在在、现成的好处，成败皆在中泰铁路是否能准时完工。

第五节
马来西亚：价值洼地 》》》》

近年来，吉隆坡的房地产市场发展蓬勃，日渐成为亚太区最具潜力的投资目的地。著名的物业投资公司 IP 环球最近将吉隆坡与伦敦、纽约一起列为全球三大最热门物业投资城市。其理由是，伦敦的房地产市场一向坚挺，国际买家的积极入市令这里的房价持续高温。纽约现在的房价虽然低于最高峰时期的 20%，但依然被认为是一处安全保值的投资地。而吉隆坡则引领亚洲地区的平均房价升幅达到 10% ～ 25%。

目前，马来西亚政府正耗资 1720 亿令吉推行"大吉隆坡计划"，展望 10 年后将吉隆坡建成世界 20 个宜居城市之一。这将带动马国房地产全球化的起步，房地产价格也将会以"国际价格"上市，并推动吉隆坡周边地区的房产市场不断快速发展。在大吉隆坡计划中，包括耗资 50 亿令吉，预计会成为吉隆坡新地标建筑的 100 层摩天楼"KL118 独立世代""大马城"等，预料都将成为房产业的投资热点。

购买马来西亚的房产，主要还是看首都吉隆坡。至于如何选房，以下几个标准可以借鉴：

邻近地标建筑：吉隆坡双子塔附近的楼盘价格一般单价在 3 万到 5 万元人民币之间。

邻近新兴地标建筑：比如靠近北京国贸或者上海陆家嘴的项目，在吉隆坡就是靠近双子塔金融中心附近。

邻近特殊区域：比如吉隆坡白沙罗城富人区周边配套国际学校，交通，医院公园享受型高尔夫球场比比皆是，但是该地的房价却不算太高，性价比超高。

一、投资优势

P2P、高收益的理财产品，甚至是一次传染病，都可能会摧毁一个人前半生的奋斗。告别经济高速发展的时代，不确定性在累积。

爱储蓄、爱买房的中国人从未如此迫切的面对一个问题：钱往何处去？李嘉诚早就说过：哪里有回报，就去哪里投资。大部分人都不是先知先觉者，但至少可以观察钱流动的方向，跟随聪明者的脚步。

作为大国博弈的双重对冲之地，2019 年的上半年，几乎每一班飞往东南亚的班机都是满的。除了旅游者，就是准备去投资的企业主和投资客。

东南亚曾是一个受大国影响非常大的地方。但是过去几年，任凭贸易摩擦起起伏伏，东南亚却表现出了罕见的稳健。在一片看好之中，东南亚国家成色当然也各不相同。但要论泡沫最小的价值洼地，则非马来西亚首都吉隆坡莫属。

中国人也许会觉得马来比较落后，远不如边上的新加坡知名度高，然而，马来西亚的人均 GDP 比中国高。但吉隆坡的房价只有北京的四分之一！在其他东南亚国家房价都在迅猛上涨时，马来西亚的房价仍低于 1997 年亚洲危机前的水平。这不是因为国内需求不足，而是因为政府有意调控。

　　泡沫最小首先意味着确定性，不用担心没人接盘，不用担心房价大跌，这里的中产一抓一大把。吉隆坡的房产需求一直很稳定。即使在全球经济形势不明朗的 2018 年，吉隆坡的成交量依然上升了 6.8%！

　　在全球权威世界级城市研究机构 GaWC 的排名中，吉隆坡名列世界一线，超过韩国的首尔、中国的广州，当然也碾压东南亚的其他一线城市。而且吉隆坡仍处于上升阶段。

　　马来西亚政府在 2010 年 9 月，比中国更早提出了建设大都市圈，打造"大吉隆坡"。该设想计划到 2020 年，把吉隆坡的人口提升到 1000 万，这相当于马来西亚三分之一的人口。2017 年，吉隆坡人口是 780 万。这个人口增长速度，超过了中国最能抢人的城市深圳和西安。自东京都市圈、大阪都市圈、首尔都市圈后，亚洲下一个诞生的都市圈真未必是在中国，而可能是在吉隆坡。

　　马来西亚正举全国之力要把吉隆坡打造成世界级金融中心。而以马来西亚的经济体量、地理位置，以及林吉特——东南亚最国际化的货币特性来看，这也许就是时间问题。

　　在中国的"一带一路"倡议中，马来西亚是重要的一站。在吉隆坡南部，一个大型基建项目——大马城落地。"大马城"以加拿大蒙特利尔地下城为蓝本，建成后将成为吉隆坡最重要的交通枢纽和集金融、商业、文化、旅游、高级住宅于一体的国际经济中心。

　　中国开往马来西亚的东海岸铁路的动车站就将设在这里。中国经验证明，大基建是推动经济高速发展的最好催化剂。现在的吉隆坡就走在这条快速道上。论潜力，它是无可挑剔的机会之城！

吉隆坡的房产特性就是稳健地增长。过去十年间，翻了一番！马来西亚政府的官方数据显示，近 15 年来，马来西亚房价上涨 127%，年均增长 8.4%；其中吉隆坡房价上涨了 172%，年均增长 11.4%，远远领先全国均价；2016 年，吉隆坡房价涨幅更是高达 17.18%，居全亚洲之冠！

投资房产就是投资一个国家的国运。当下，全球产业链正在往东南亚转移，收入分配格局将被第五次重塑。政府的政策奖励已经让诸如可口可乐、微软、乐高等国际顶级公司搬迁到地价便宜、政策好、交通便利的马来西亚。苹果公司也在考虑转移产业链至马来西亚。天时、地利、人和，吉隆坡已经基本具备了所有的投资利好。

之后，吉隆坡大都市将有更光鲜的城市面貌，更多国际企业入驻，更快速流动的金融资本，更庞大的高净值人群……跟着全球的大趋势，在越来越多的不确定性中把握住为数不多的确定！

二、投资吸引力

吉隆坡的自然环境很好，空气污染指数很少会超过 100，2015 年的 PM2.5 浓度仅为 23.9。对于许多决定移民的人而言，选择马来西亚，好的空气质量可以大大提高孩子和家人的生活质量，是那些简单的价格数字不可取代的无价之宝。

在吉隆坡就如同置身于现在的亚洲金融中心——香港。首都吉隆坡的华人占比约在 40%，在街道上随处可见中文的招牌，而吉隆坡市中心的办公楼里出入的人、餐饮店里的服务员也有过半是华人面孔。这些华人对自己的身份认同都非常高，吉隆坡华人似乎都普遍认为自己有两个身份，一个是马来西亚人，另一个就是华人。本地华人对华人身份的认同感以及国语的普及，住在这里就好像住在香港。但是另一方面，吉隆坡的物价水平却又远远地低于香港，所以它会是最适合华人居住的东南亚城市。便宜的物价也让移居过来的中国人发现，自己的生活品质不但没有因为移民到东南亚而下降，反而有所提升。

除此之外，马来西亚的食品安全也不需要担心，马政府有很高的食品安全标准；也不用担心被商户坑钱，这里经商讲求诚信，民风淳朴。

在美国知名杂志《国际生活》一年一度评比的"全球退休指数报告"中，马来西亚就以 95 分（满分 100 分）的高分被评为全球最佳退休目的地！《国际生活》将评鉴重点着力于马来西亚相对廉价却高质量的医疗服务，从而为那些适合花费尽量少的钱过上高品质生活的中产人士选出最宜居的国家。榜单中不乏一些福利很好的欧洲、大洋洲国家，比如法国、西班牙、澳大利亚、新西兰，但它们的性价比都不如马来西亚。

最适合华人居住的东南亚城市吉隆坡，在此定居、工作，有了积蓄以后，自然可以为孩子提供更好的教育资源。近水楼台先得月，大概是受到近邻新加坡的影响，马来西亚的教育丝毫不比国内差。

在马来西亚读书有以下几种选择。

（1）就读当地公立学校

马来西亚曾是英国的殖民地，所以基础教育沿袭了英国教育的特质。联合国教科文组织将马来西亚教育质量列为全球第11位。

马来政府和教育部提倡"强化马来语，提倡英语，并掌握母语"，鼓励学生必须掌握两语之外，也同时学习自己民族的母语。

而且，马来西亚政府对教育补助非常多，2017年教育支出占到全部支出的21%，超过五分之一！当地学生只需支付大约十分之一的学费就可完成大学课程。

（2）获得"华侨生"身份，考国内名校更容易

也有人看上了马来西亚的"第二家园"永居身份政策。有"第二家园"身份的人有永居马来西亚的资格，而且无须放弃中国国籍，孩子也可以免费上公立学校。拥有它也相当于孩子拥有了一个"华侨生"的身份，华侨生考试只要400分就能上北大、人大、复旦之类的国内名校，成绩要求和门槛将大大降低……

（3）马来西亚国际学校性价比最高

马来西亚的国际学校多集中在吉隆坡，好一点的国际高中学费每年大约在15万元人民币左右，小学在10万元人民币以下。以非常著名的吉隆坡国际学校为例，高中一年的学费大约为17万元人民币。跟国内的国际学校比起来，这个价格算比较低了。

另外马来西亚好一些的国际学校，招生以外籍学生为主，课程和师生交流也是英语为主，对于正好处于语言学习的小朋友来说，语言环境相比国内更有优势。

就读国际学校也能更好地对接国外的著名大学。吉隆坡国际

学校就有大量学生被英国的剑桥大学、牛津大学，美国的芝加哥大学、杜克大学等国际顶级学校录取。

吉隆坡核心区的房价并不高。比如吉隆坡市中心的房价大概在 3.2 万元人民币 / 平方米，在离市中心 5 ～ 6 公里的稍微偏一点的地方，也可以找到 1 万～ 2 万元人民币 / 平方米的房子，跟国内一线城市的 CBD 动辄十万均价比起来，算是非常便宜了。

去吉隆坡定居一般会买两套房，一套用来自住，另一套就用来出租赚租金。现金流有了基本的保障，在马来西亚的生活就不用愁。

三、"第二家园"签证

"第二家园"签证不是移民。它是一种 10 年内无限次数免签往返马来西亚，并享有某些马来西亚当地福利的半永居签证，10 年期限到了之后，还能无限次续签。

这本质上是一个投资得永居的项目，所以它最主要的要求就是钱。在任何年龄段，只需要一份将近两万元月收入的工作，再用最多 90 万元的存款，基本就能保证拿到"第二家园"签证！审批周期一般是 6 个月，相比于欧美国家周期很短。

在拿到签证后，就能享受这些马来西亚政府的福利：

（1）孩子可以享受免费的公立小学至高中的教育。小学依照居住地区、按照学区划分就近入读。每年只需 120 马币注册费及少量书费等杂费。初高中则可以选择入读华文私立中学，中文授课、学费低廉。

也可以选择国际学校。如果孩子入读国际学校，拥有"第二家园"签证后就不需要额外申请留学签证和家长的陪读签证。但如果孩子到了 18 岁以上，进入大学则需要换留学签证。

21 岁以上的成年人需要重新独立申请"第二家园"签证，不能用父母的"第二家园"签证进入马来西亚。

（2）居民可以享受部分药品的政策补贴，但不能享受马来西亚的公共医疗福利。

（3）50 岁以上的成年人能在马来西亚指定领域做兼职工作，每周不超过 20 小时。

（4）可以带佣人进入马来西亚。

（5）孩子报考中国大学享受华侨生待遇。

（6）混合动力车及部分本地车型可享受 30% 免税。

（7）可以开公司，杂货店、餐饮行业除外。

……

申请马来西亚的"第二家园"签证的中国家庭越来越多。根据马来西亚官方统计，从 2002 年至 2018 年 8 月，申请"第二家园"的中国人就达到 1.18 万人，占总申请人数的 28%。第二则是日本人，有 4618 人。

而在 2016 年和 2017 年，中国申请人数达到了井喷的状态，年均超过 1500 人次。但 2018 年全年的审批通过人数仅为 3339 人，相比于 2017 年 6195 人获批急降 46.1%。因为移民局实施了更严格的审核程序，包括检查申请者的背景，确保他们拥有良好记录。

国内教育界也注意到了马来西亚的这一永居政策。虽然华侨生优惠政策仍然存在，但在《2019 年中华人民共和国普通高等学校联合招收华侨港澳台学生简章》里，政府对细则做了非常大的修改。这次修改，对华侨生父母的身份和在外国居住时间提出了具体要求，还设置了报考学生在国外居住的最短时间。华侨考生，考生本人及其父母一方均须取得居住国长期或者永久居留权，并已在居住国连续居留 2 年，两年累计居留不少于 18 个月，其中考生本人须在报名前 2 年内在居住国实际累计居留不少于 18 个月。

第六节
新加坡：政府如管家 》》》

很多人都只留意到香港是世界上楼价最贵的地区，其实新加坡也紧随其后，平均楼价也高达 565 万元人民币！为了保护国民的房屋供应数量，新加坡政府不允许外国买家单独购买政府津贴的组屋（HDB Flat）。而且，新加坡政府为了稳定炽热的楼市，一再提高印花税税率，现在针对外国买家的额外税率（ABSD）已提升至 30%。

一、"亚洲的瑞士"

一位在新加坡生活了十几年的华人评价新加坡说，新加坡是亚洲的瑞士：

> 对富人征税较低，没有遗产税而成为帮助富人资产避险、避税天堂；

> 保有强悍武力，却一直在追求中立；

> 国民教育水平高、生活成本高、社会福利好、政府与民间互动多。

在新加坡比在国内还讲究华人传统，在治国方面一定也保留了某些传统。用一句话来形容新加坡给人的第一印象：一切都在掌控之中，社会层级分明，每个人各司其职。

当地居民也依据身份和收入分成几个层级。最直接的体现在"居"上，新加坡的房产制度可谓是社会主义与资本主义的完美结合。

新加坡有一个举世闻名的"制度特产"——组屋，由政府组织建设，由政府统一定价，一般仅比成本略高，普通民众也可负担。并且，政府对中低收入人群购买组屋还会提供最高 4 万新币的补助。组屋是新加坡楼市绝对的主力，居住者已经达到新加坡总人口的 8 成。但如果想住得更舒服，新加坡也有私人公寓和别墅，这些房价则随行就市。

新加坡权威房产专家冯舟表示，新加坡市区新盘价格在 28000 ～ 45000 新币区间，相当于 14 万～ 22 万元人民币 / 平方米；而距离市区 10 到 15 分钟路程的区域，新楼盘价格是 10 万～ 12.5 万元人民币；郊区的价格基本上也会到 5 万～ 10 万元人民币区间。

公寓的设施自然比组屋好许多。有配套游泳池、各种球类健身馆、烧烤区域、居民活动中心等。

如果有更强的经济能力，就可以考虑买别墅。毕竟洛阳纸贵，新加坡单独拿来卖给个人的用地少之又少，所以只有新加坡人才能买地。

在当地高素质人才不断增加的趋势下，新加坡政府采用引入外劳来对冲必要但短缺的劳动力。新加坡大量雇佣来自孟加拉、巴基斯坦、印度甚至中国的劳工，这些劳工被统称为"外劳"，角色有点类似于我国的农民工人。

对于外劳在狮城的生活细节，政府有严格的规定。外劳在平时出行时可以乘坐普通交通工具，但工作时只能坐雇佣公司所提供的班车。新加坡法律规定，这些工人只能住特定地区的公司宿舍，不能换工作或创业，未经许可不能和新加坡人结婚，不能在新加坡怀孕和生子；他们也有特定的休假时间，基本上每周一天，公共假期一般不休假，但如果上班，政府要求雇佣方要支付双倍工资。不人性化，但很高效。

二、政府如商人，似管家

狮城政府一向十分强势。李光耀带领的人民行动党长期占据主导权。这样一个政治环境稳定的政府给执行政策带来不少好处。

新加坡的政府如商人般精明，如管家般周到。一般认为，政府出资建设的房屋只要满足人们的基本需求就够了，不会像那些商业化程度高的开发商，为了吸引顾客购买而提供许多不错的物业设施。但新加坡的组屋却是慢慢在往更齐备的设施靠拢，越建越像私人公寓。

　　新的组屋也会配有泳池、居民活动中心等原本公寓才有的配套设施，而外部的设计也从老组屋那种简单的样式变得更像公寓。作为政府，它有商人的精明，知道人们的生活水平在提高，旧式组屋已经不能满足人们的需求，要越建越好，才能迎合市场。

　　另外，新加坡政府也如管家般周到。同样拿组屋作比喻，即使是已经建了几十年的组屋，从外面看，组屋的外部粉刷都是崭新的，因为新加坡政府每五年就会拨款翻新组屋的外墙和内部设施。

　　新加坡作者饱醉豚在《新加坡那些事儿》中对组屋有这样一段叙述：

　　典型的组屋的走廊是开放式的，晚上走廊上灯火通明。这样的设计是为了减少犯罪率，任何在走廊上发生的犯罪行为，外面的人都能看到。走廊上的照明灯用的是政府的电，住户不需要为了省电而关掉灯。恰恰相反的是：如果你家门口的灯不亮了，你得打电话让建屋局的人来修理，不报告是不可以的。

　　大部分的中国商品房，即使是非常昂贵的公寓，往往也只有一个消防楼梯。但是新加坡的组屋除了电梯之外至少有两个楼梯或三个楼梯，而且楼梯很宽，便于疏散。全开放式的走廊也便于消防员进入。

　　新加坡政府把组屋设计成关系到婚姻、养老、民生等社保系统中的重要一环，而且对购买者也有详细的要求限制。不过，即使再复杂，政府也会如管家般周到地把与民众相关的政策做成浅显易懂的小画册，用新加坡英语写作"Kopi Kia"，总共有四种语言版本，从职业规划到组成家庭再到养老规划，样样俱全。

除此以外，城市规划中的友好细节也见真章。新加坡随处可见垃圾桶，作为人工费很高的发达国家，能做到这点很不容易。每个社区都会有电子垃圾回收桶，以及凡是公共场所（商场、旅游景点等），都有急救必备的 AED 设备。

为了防止新加坡居民赌博成瘾，新加坡政府甚至规定，只要新加坡人进赌场就要收 100 新币（约合人民币 500 元）的门票费。国外人入场则是免费的。为了让市民健康成长，新加坡政府操碎了心。

三、福利多

狮城的移民门槛高，主要三个渠道：

（1）投资移民。也是新加坡唯一的直接移民方式，移民者支付 250 万新币基本上可以立即拿到永居。

（2）创业准证定居及移民。要求必须是新公司（注册未超过 6 个月），在公司正常运作 12 ～ 14 个月后，就可向政府申请永居。

（3）技术移民。要求必须获得新加坡正常运作的公司以月薪 3600 新币以上的薪水聘请才能申请。

不过，只要满足以下三个条件，便可申请新加坡的绿卡：

（1）新加坡的在读学生

（2）在新加坡居住 2 年以上

（3）必须通过一项国家考试

在新加坡买房门槛也很高，毕竟它是严格贯彻"房住不炒"概念的国度。比如大多数居民居住的组屋价格本身也不便宜，政府又对购房者的资质有很多要求。其次，政府会跟随组屋房价的变动出台严厉的打击政策，所以几十年过去房价涨幅小之又小。

买中档公寓，对海外买家的限制可不少。比如海外买家印花税高达 20%，再加上 4% 的普通印花税，等于买房要交房价的 1/4 给政府。

不过，新加坡的大部分银行对海外买家都提供贷款，而贷款利率只有 2% 左右，与英国相当。其次，房价按照套内面积来计算。

新加坡更加保障消费者的地方在于，如果有一天这块地被开发商重新收购（一般新加坡的公寓产权只有 99 年），小区内的公共土地面积平分，开发商将按照该地区的市场价格，以套内面积加上小区的公摊面积的总面积跟业主"买地＋房"。

所以，新加坡的房只适合特定的群体。

这是一个亲富人、商人的国家，它在国际扶贫发展机构乐施会发布的"致力于减少不平等指数（Commitment to Reducing Inequality Index）"中，位列倒数第九。作为全球国家竞争力排名仅次于瑞士、美国的新加坡，在这个排名中却全球垫底，究其原因还是因为它对富人"太好了"。

新加坡是藏富的天堂，人口结构也趋向高端化。作为一个福利好的发达国家，买这里的资产比买其他任何地方都有前景。它保值，同时也能带给你更多附加的好处。

第七节
基础设施建设 >>>>

中国"四万亿"计划出台十年后，东南亚这片 6 亿人口的土地上，几个"四万亿"计划正在密集启动。预计至 2030 年，东南亚地区的基建投资需求超过 21 万亿元人民币，约相当于 5 个四万亿的规模。据中国商务部数据，仅 2019 年印尼的基建投资就接近了 5000 亿美元（约 3.5 万亿元人民币）。

中国全力推进的"一带一路"倡议，更是与东南亚大基建计划完美契合。这些年，东南亚稳定发展，得到大量"一带一路"倡议带来的援助，人们肩并肩走向大城市，为城市更新付出自己的一分力量。因为他们明白，基础设施建设不仅是国家最基本的投资，也是自己赖以生活的资本。

菲律宾的"大建特建"计划密集开工；泰国实施"泰国 4.0"计划，开工建设中泰铁路；吉隆坡恢复"大马城"计划和东海岸铁路建设；柬埔寨更是一口气公布了 8 条高速公路的建设计划……整个东南亚的基础建设热火朝天。

当年，中国"四万亿"计划不仅顺利完成了"GDP 增速保持在 8% 的水平"任务，还在宽松货币政策的共同作用下，带动全国房价十年翻倍。目前，东南亚巨大的基建投资正源源不断地流向各个工地，数个"四万亿"的奇迹正在东南亚上演。未来对经济和房价的刺激，同样也会超出我们的想象。

过去几年，菲律宾和越南专注于搞大基建，平均每年基础设施建设支出的增速超过 10%，效果也很明显，推动整体经济保持年均 6% 的稳定增速。并且这些东南亚国家的基建支出增速都跑赢了经济增速。

在这当中外资的作用不可低估，外国直接投资（FDI）占了大头。东盟秘书处数据显示，2017 年流入东盟的外资，接近 40% 都进入了基础设施建设，包括交通、能源、信息通信和房地产领域等。

2019 年世界银行在报告中直言："东南亚经济增长的关键就在于不断增长的基建支出。"

菲律宾提出了声势浩大的"大建特建"（Build Build Build）计划。该计划涵盖了公路、铁路、桥梁、港口、机场、水坝等基础设施，涉及 75 个项目，预计投资接近 1800 亿美元（约 1.2 万亿人民币）。

其中，规划中的班吉湾大桥全长 3.77 千米，连接坦古布市以及图博市，通行后路程时间将从 2.5 小时缩短至 10 分钟。

马来西亚是另一个重金做基建的国家，而且还不是简单地修几条路，而是直接打造了一座想要超越新加坡的新城。

2011 年，马来西亚首次提出"大马城"计划，将空置了 20 余年的土地打造成一座未来都市。"大马城"占地面积 486 公顷，相当于 5 个天安门广场那么大，距离吉隆坡市中心不到 7 公里。这是目前吉隆坡中心区域最大的一块未开发的完整土地，被誉为全球首都城市里最后一块待发展的黄金地块。

目前，吉隆坡核心区域地价在 3 万元到 4 万元人民币每平方米不等，整座"大马城"现在的土地价值就接近 2000 亿元人民币。

未来等到基础设施建设完善，地价和房价肯定还会涨，想象空间非常巨大。

2019 年 4 月，搁置开发的"大马城"重新启动。根据大马政府规划，"大马城"将会打造一座全球最大的综合地下城，集合了国际金融中心、跨国企业、亚洲健康中心和国际商务中心。从这个定位可以看出，"大马城"落成之后将不仅是吉隆坡的核心，也会是整个东南亚地区的中心。

泰国也提出了"泰国4.0"计划。该计划以东部经济走廊（EEC）为基点，将首都大曼谷地区打造成区域的联系中心，截至 2021 年 8 月底，东部经济走廊已经完成了 69 个基础设施项目，占全部项目的 41%。

在国际贸易局势恶化带来的全球产业转移潮流中，泰国虽然是受益者，但是并不能拉开跟其他东南亚国家的差距。为了产业升级，泰国将增长核心从制造业向创新和研发转变的"泰国 4.0"计划应运而生。

在东部经济走廊中，泰国政府专门开发了泰国数字公园（EECd）。通过建设一个提供超高带宽的数据中心，提高科技企业的工作效率，也等于是一个试验区，为未来在泰国各地提高网速做准备。通信基建完善了，对企业和人才的吸引力自然也会增加。

优先发展与信息技术密切相关的基建项目，为建造"智慧城市"打好基础，这种"高级基建"本来早应该出现在全球一线大城市。现在，泰国准备后来居上。

总体来看，东南亚能够成为一片 6 亿人的大工地，优势就在于：

（1）政局稳定，不少国家与中、美、日、欧等发达经济体都保持良好关系；

（2）经济稳定，常年保持高速增长，有持续的外资进入，债务压力并不大；

（3）基建项目多、规模大、上马速度快、执行力度强；

（4）既有传统基建项目，又同时进行以互联网基建为主的新型基建项目；

……

除了菲律宾、马来西亚、泰国和越南，柬埔寨和印度尼西亚等东南亚国家最近也相继制定了大规模的基建计划，成功地吸引了大量的外国直接投资，并且都不约而同地增加了互联网基础设施的建设。

而且，即便"一带一路"送去了不少资金，基建搞得热火朝天，这些东南亚国家也并没有变得负债累累，无力偿还。就政府债务水平而言，东南亚国家的债务压力比中美两国低不少。

政局稳定、外资涌入、经济增长、债务可控、基建迅速，这不仅印证了"一带一路"倡议的合理性，也说明了东南亚地区泡沫其实不大，仍然值得投资。

越级发展，提速城市化进程，这便是我们关注东南亚地区搞大基建的重要原因。

中国"摸着石头过河"，探索了四十年才成长为世界第二经济体。而东南亚地区虽然也是从零开始，但并不需要从零到一，再从一到二，而是可以直接从更高级的发展形态开始出发。

而这种越级发展无疑是应对当下的世界经济压力的最好选

择。当全球经济放缓，东南亚想要成为唯一的增长极，必然会选择大基建，这是新兴市场的发展秘诀。

第八节
避免进入误区 »»»

关于房地产投资，首先要了解的一件事是，没有万能的投资。人们可以通过多种方式进入房地产市场，一切取决于预算、风险偏好和投资目标。

短线投资者：新兴地区房产，或者购买旧的或废弃的房产，对其进行翻新，然后尽快将其卖掉以获得利润。选择长期投资路线的人只关注一件事：房产价值随着时间的推移稳步增长。同样，有多种方法可以使用：资本回报；租金回报；房地产投资信托(REIT)，专业人士管理投资。

一、梳理投资需求和投资偏好

如果投资需求和偏好不明确，就会发现自己什么都想要，这样就容易出问题了。

投资预算多少？50万元、100万元、200万元、500万元以上、每一档对应的市场和项目都不一样。200万元能买大平层，50万元也能买到回报率非常不错的小公寓。

喜欢细水长流还是三五年翻倍？不同风格对应的市场和产品也是不一样的。有些项目适合长期持有，获得稳定的租金现金流，有的则可以利用政策空间炒楼花。

有些家庭海外买房的目的可能是养老自住，那么旅游胜地泰国和马来西亚的居住环境会更舒服。这些需求与纯投资型的完全不一样。

有些家庭带着孩子到东南亚去上国际学校，希望能用房子出租的租金收益来弥补住房成本。此时，一套有高现金流的准现房公寓明显比期房更划算。

只有明确花钱的目的，才能让这笔钱花得值。

二、建立三大选房指标

1. 接盘侠

大多数家庭海外购房的最终归宿是卖房套现。谁来接盘，是打消买房焦虑的第一要务。

以菲律宾首都马尼拉为例，会在马尼拉买房的人群主要是这4种：

> ➢ 马尼拉的土著中产家庭
> ➢ 从外地来马尼拉打拼并定居的家庭
> ➢ 菲律宾富豪家庭
> ➢ 外国投资者

总结下来其实就两类：长期定居当地的中产阶级及以上家庭，以及投资者。这一条适用于绝大部分东南亚的城市。

过去人们总是把视角放得太广，期望从全国的人均 GDP 和 GDP 增速中寻找到接盘侠的答案。其实关注这个城市的人均 GDP，观察当地中产阶级的消费能力，才能更贴近正确答案。

东南亚国家的贫富差距和地域差距，比中国要严重得多。例如，虽然菲律宾全国的人均 GDP 仅有 2 万多元人民币，但首都马尼拉在 2017 年的人均 GDP 就大约为 6.1 万元人民币，与同一年二线城市重庆的人均 GDP（6.3 万元人民币）接近。

例如，在柬埔寨的首都金边，就连市场调研经验丰富的日本永旺也低估了当地中产的消费力，金边的永旺一期仅用一年半时间就收回了成本，而他们原本的计划是十年。摸清了接盘侠是谁，后续的选房逻辑都清晰了。

2．现金流

现金流代表着租金，租金代表着最贴近市场的住房需求。拥有一套每个月可以收到可观的租金收益的房子，是最容易跑赢通胀、保证资金安全的方式了。

这也是检验这套房子未来是否容易变现的标准之一。毕竟连租客都找不到，未来怎么找接盘侠？最好的办法，就是实地走一走，看一看周边同类型的公寓租金如何，出租率高不高。

哪些地方租金会更高？CBD 附近、商业区周边，以及重要的交通枢纽地附近，还有一些符合当地特色的住房需求，例如曼谷和马尼拉的大学附近有学生公寓的刚需。

3．增值潜力

中国人在东南亚的嗅觉总是比周边的日本人、新加坡人要慢一拍。所以没能享受到东南亚几个著名城市的核心区域房价大涨带来的红利。

但现在政府和开发商重点开发的区域不能再忽视了。在不熟悉的地盘买房，跟着知名开发商的脚步，总是能排除掉一些风险选项。因为他们有更全面的市场调研、更持续的现金流，以及更完善的后续服务。

至于某些没有地产经验的小开发商，除非占据绝佳的地理位置，否则哪怕楼书画得再好看，在火爆的东南亚楼市里，风险依然很大。

三、不要拿中国房产的情况去对比海外

1. 物业费

国内一般超过人民币 3 元 / 平方米的物业费，大家就开始喊贵了。但这个价格放在全球主要国家和地区却是非常便宜。东南亚的物业费一般在人民币 10 元 / 平方米左右。因为它们提供的服务和配套设施，与国内的小区差别还是蛮大的。

泳池、健身房、活动室基本是东南亚公寓的标配了，有些公寓大楼里还配有儿童活动室、家庭聚会厅。只要是业主或者租客，就可以免费使用。

2. 朝向

朝向在东南亚国家没那么重要，人们更看重窗外的风景。比如面对着小区泳池，或者游乐场，或者风景好的地方。所以有很多小区的住宅楼都是围绕着小区里的泳池修建的。窗外风景好、视野开阔的房子比坐南朝北的房子更受当地人欢迎。

3. 学区房

国内学区与房产绑定，房价跟着学区在跑。许多老破小的房子居住环境堪忧，但因为背后有一个强大的学区优势而房价翻倍。

但是在东南亚和欧美，学区和房子并不是绑定的。一般越贵的房子周围配套的学校越好，但并不意味着只有买房的人的孩子才有资格就读于附近的学校。所以千万别误解了东南亚的学区房概念，这里不代表稀缺性，大部分情况只代表离学校近。

4. 移民

在东南亚和欧美主要国家里，只有两种类型的移民涉及房产买卖，其他国家和地区买房和移民都没有关系。

一类是菲律宾的 SRRV 签证（菲律宾特殊退休移民签证），某些房产项目属于菲律宾移民署盖戳认定过的，购买房产可以有资格办理 SRRV 签证。但即便是不买房，也可以存 5 万美元在当地指定的银行，获得办理 SRRV 签证的资格。

另一类是欧洲的黄金签证，例如在西班牙、希腊等国家，购买指定金额及以上的房产就可以获得永久居留签证。

第四章

走过 60 年大牛市的美国房地产市场

美国房地产市场可以用三个关键词来概括：规范、透明、成熟。比如美国房地产的交易流程，中国只有一个经纪人，美国则是双方各自有经纪人，双方进行沟通。他们会使用一个统一的网络系统来找房子，只要买家的需求标准是明确的，经纪人就能找出具体的房子。接下来，买方经纪人会用完整的书面申请向卖方经纪人提出要价。协议订立之后，是一个做尽职调查的时期，部分买方还会请到专门的结构工程师来看看房屋是否牢靠等，整个产业链是非常成熟的。到了最后的产权过户环节，既有产权保险，也会有一个第三方托管，提供一个监管账户，买家把诚意金打到这个监管账户上去，直到最后走完所有的手续，双方都签完字，买家拿到钥匙为止。美国房子拥有永久产权，还有完善的私人产权保护法律，甚至在一些保护房东的州，买家更加不用担心租客闹事带来的烦恼。

第一节
新房还是二手房 》》》

绝大部分人在美国买房的时候都会考虑这样的问题：应该买新房还是买二手房？其实不同的房屋类型也会有不同的选择差

异，以下将分别对老房子、次新房、新房展开说明。

一、老房子

它适合那些住在买房所在的城市的人群，比如一个人想在休斯敦买房，并且住在休斯敦，他就可以在这里找一些老房子。老房子也有优点：第一，总价低；第二，现金回报率高——就是花出去多少现金，收入多少现金，相当于出租房屋的时候，获得收入的现金和花出去的购房款之间的比例。

比如，这个房子维修之后的市场价是 22 万美元，现在卖家以 19 万美元卖出去，买家花了 1 万美元对它进行维修，相当于买家花出去了 20 万美元。这个时候就好比，买家花了 22 万美元买一个不需要维修的房子。可以看出，现金流会更好。

但是，老房子的缺点也很明显，就是维修的成本和工作量是比较大的。

二、次新房

次新房的优点在于：第一，它的价格没有新房那么高；第二，它的维修成本不像老房子那么多。对于很多不居住在当地的买家来讲是一个可以选择的方案。

在这个方案中，需要注意的一点就是托管问题，最好找比较可靠的专业公司来托管。

三、新房

新房明显的劣势就是价格高。美国同一个区域的新房和二手房相比，一定是新房的价格高。那么相应地，新房的回报率可能就比买老房子的回报率低。

新房的优点在于维修成本低。买了新房以后，在很多年的时间里不需要大幅维修，这样就减少了麻烦，降低了持有成本。老房子持有成本是更高的。

而且新房子采用了新的建筑标准，会让房子更加地节能。在美国有住房经验的朋友可以发现几十年前的老房子的电费比新房要高出一大截，原先的老房子在密封性、保温性等方面没有新房子那样好，所以空调的耗电量就大很多。

另外，新房子的建筑标准也会更高。比如配有户外楼梯的两层小房，老房子的户外楼梯的栏杆间隙比较大，因为那个时候还没有相应的标准，但是现在规定，栏杆和栏杆之间空隙不能太大。对于有小孩的家庭来说，栏杆的空隙太大，那显然是有危险的。

此外，从空间设计来看，新房的设计更符合现代人的心理需求。比如开放空间，厨房和起居室变成一个很宽敞的空间，没有墙的隔离，这样的设计更受现代人喜欢。

针对中国的买家，很多公司还会提供包租的服务，这是一条龙的服务。比如买家在中国，不想去打理这个房子的托管、维修的问题，或者工作特别忙，顾不上这些事情的时候，就可以把从买新房到管理房子等全交给托管公司打理。所以，买新房的时候，选好托管公司也非常重要。

第二节
房产交易流程 »»»

很多人会觉得美国的房地产交易过程特别琐碎复杂，和中国的房地产交易有许多不同之处。

美国的房地产交易大致可以分为三个阶段。第一个阶段，找房和申请；第二个阶段，尽职调查；第三个阶段，产权过户。

一、找房和申请

第一个阶段通常是通过经纪人来完成的。中国只有一个经纪人，美国是买卖双方各自有经纪人。买家有一个买方经纪人，卖家有一个卖方经纪人，双方进行沟通。

在这个过程当中，经纪人会使用他们统一的一个系统来找房子，在美国，每个经纪人不仅能看到自家的房子，也能看到整个地区的几万套房子。所以只要需求的标准是明确的，经纪人就能找出具体的房子。

接下来是申请。买家选中心仪的房子，经纪人会用一个书面的合同完整地给买方提交申请，对方一旦接受，这个合同就算订立了。

在提交申请的过程当中，投资者可能需要有一定的耐心，尤其当投资者把申请的价格出得比较低的时候，很多时候可能会被拒绝，这个时候不要气馁。

一般如果投资者提交 5 个申请，有超过 1 个被接受，就说明价格出高了。所以被接受是少数，被拒绝才是常态。

二、尽职调查

当投资者的协议订立，开始执行的时候，最关键也是最紧张的一个阶段是从这个合同开始执行之后的 7 ～ 10 天。这是投资者的一个反悔期，也是投资者最重要的、做尽职调查的一个时期。

订立了反悔期，投资者可以无理由地终止合同，这是基本上能够最大程度保护权益的时期。

买家需要对房屋进行检查，一般包括对房屋的全面性的检查。另外有一些专项的检查，比如说对害虫的检查，尤其是对白蚁的检查。美国房屋的主结构一般是木制的，白蚁对它的损害是很大的。

甚至有些人会请结构工程师，看这个房子地基、整体的框架是不是牢靠。这个阶段，也是压力最大、时间最紧的一个阶段。

三、产权过户

在不同的州，办理产权过户的主体是不一样的，有些州是通过产权公司办理，比如得克萨斯州。有一些州则是由房地产律师来办理。

办理产权过户基本上包含两个过程。一方面是调查一下这个房屋的产权是不是清晰，给投资者出产权保险。另外一个方面是在这个过户的过程当中，需要有一个第三方对资金进行监管，这跟在淘宝上买东西是一样的。

在房屋交易的过程当中，也会有类似的这样的一个第三方叫escrow，它有一个监管账户，买家把诚意金打到这个监管账户上去，直到最后走完所有的手续，双方都签完字，买家拿到钥匙为止。

第三节
分类方法 »»»

在美国，由于市场非常规范，所以无论是区域还是房屋本身，都可以被清晰地分类，便于买卖双方去定义和选择。具体的分类以及分析如下。

一、区域的划分

ABCD 四档，这是比较常见的一种划分的标准。首先是区域的划分。

（一）A 区

这样的区域中有很好的学校和有很好的配套设施，住的都是有钱人，整个社区非常整洁，房屋也很新，就叫作 A 区。

（二）B区

B区是比A区要差一些的。主要是中产阶层居住，有更多的蓝领可能也想要到这个地方来居住。

（三）C区

这是低收入的人群的居住区。尤其是那些可能靠政府救济或者是收入很低的人。要把支票兑换成现金的店或者是典当行这些店比较多的地方，往往是C区。

（四）D区

D区往往被叫作War zone——战争地带。治安非常差，连警察都会提心吊胆。

美国有网友总结了这四个区域的特点：A区是你和你的家庭非常想要去居住的地方，B区是你和你的家庭可以去居住的地方，C区是在紧急状态下你和你的家庭可以去凑合一下的地方，D区是你宁愿到外面扎帐篷，你也不会去住的地方。

二、房屋的划分

相应地，跟区域划分类似，房屋本身也有一个划分。

（一）A级

房子10年以内新建的，它用的材料非常好，比方说大理石的厨房台面、各种不锈钢的电器。所有的设施设备非常的好，这种房屋是 A 级的。

（二）B 级

房子基本上用了三四十年，但是它的房屋状况还很好。虽然它的房龄长一些。

（三）C 级

它是那种要去做一些维修才会达到 B 级程度的房屋。

（四）D 级

这是完全没法住，必须大修才能够住人的房屋。

三、认识误区

这个 ABCD 分级，并不是指应该按照这个顺序去买，或者是按照这个顺序去投资，它只是对于这个区位和这个房屋状况的一种划分。

对于个人来讲，要买哪个区位、哪种等级的房子，取决于不同的因素。比如说自住去买 A 级没有任何问题。如果是投资的话，那就不建议去买 A 区的 A 级了。因为 A 区的 A 级的房子，肯定价格高，虽然它的租金也会高，但是整体的收益率是低的。

那么应该买什么样的房子呢？比如说 B 区的 C 级的房子。因为邻里的房屋都是 B 级的，而你现在入手了一个 C 级，只需要把它修缮一下，它就能够升值到 B 级，这样就获得了更多的收益。

同理，不能在 B 级的区域买一个 A 级的房子。因为这个 A 级的房子会被 B 级区域这个因素给拉低价值。

第四节
贷款怎么选 》》》

在美国买房，投资者最常遇到两种贷款类型，一种是 15 年固定利率贷款，一种是 30 年固定利率贷款，究竟哪一个更好？

假设买家贷款 30 万美元，每年的利率是 3.8%。

（1）假设 30 年期的贷款，还款需要 360 个月，最后利息算下来是 203233.94 美元。

（2）假设 15 年期的贷款，全部的利息是 94040.98 美元。

30 年的利息比 15 年的多一倍有余，贷款才贷了 30 万，现在利息都要还 20 万。好像听起来特别多，没错，表面看来，30 年期的贷款确实还的利息是非常多的。但其实 30 年期固定利率贷款才是不错的选择，有以下几个原因。

一、货币的时间价值

货币是越来越不值钱的。30 年前和今天的同一个人，在支付能力上面是不可同日而语的。这就是货币的时间价值。

债务还得越晚，它就越不值钱。同样是 30 万美元的房贷，15 年以后的 30 万和 30 年以后的 30 万，当然是 30 年以后的 30 万更不值钱。

二、通货膨胀

美国的通货膨胀基本上为 2%。假设上述的例子当中，利率在 3.8% 的时候，真实利率是多少呢？是 1.8%。在 2020 年的美国，30 年期固定利率的房贷利率在 3% 上下。真实的利率不到 1%！

30 年期贷款每个月还的钱少，15 年期贷款每个月还的钱多，投资者把每个月中间省下的钱拿去投资，收益是很容易超过 3% 的，把差额的部分拿去投资，会获得更好的回报。

三、对借款能力的影响

这一点是最少人想到的问题。投资者直觉上会认为，假设选择 15 年期的贷款，每个月还款的金额多，可以显得自己的还款能力强。

如果是同样的条件下，30 年期的贷款，每个月的还款额大约是 1814.54 美元。15 年期的贷款，一个月的还款额是 2605.78 美元。15 年期的贷款，每个月多还了 800 美元。

然而，在银行看来，重要的是债务和收入比。比如，投资者一个月收入 5000 美元，一个月还 1800 美元，和一个月还 2600 美元，和 5000 美元之间的比值是不一样的。这个比例越高，投资者将来再从银行获得贷款的可能性就越低。所以可能投资者努力去还更多的钱给银行，反倒是将来更难从银行获得贷款。

四、留有余地

很多投资者想要更短期限的贷款，是抱着一种想要早点还清的心理。但是，30 年期的贷款，投资者也总是可以提前还款的。15 年就还清，甚至 5 年就还清，都是可以的。

但是反过来，如果投资者办理了 15 年期的贷款，心想按照自己现在的工资水平，15 年还清完全没问题。然而，如果投资者有一天突然失业了，或者收入水平降低了，那么这笔贷款就成了巨大的问题。假如无法如期偿还，还可能失去房子。

所以，30 年期贷款给了投资者足够的弹性。既可以提早还清，又可以根据自己的经济状况调整计划。

从以上各个角度来讲，投资者都应该选择 30 年期的贷款，而不是 15 年期的贷款。

第五节
比房子更稳定的土地投资 》》》

提到房地产投资，绝大部分人首先想到的是买房，甚至很多人唯一想到的就是买房。但人们普遍忽视了一个很好的投资方向，那就是土地。

在生活当中，人们有各种各样的错觉，比如很多人认为出租车司机如果接一个比较远的单，开几十公里，利润高，收入好。实际上，事情恰恰相反。当路程远的时候，油钱就吃掉了很多的利润。如果司机接很多的小单，而不是接一个大单，相对来讲收益是更高的。因为起步价是高的，小单就等于收了很多的起步价。

类似于这样的事情，在房地产投资领域也是存在的。

先来看一个对比。假设投资者手上有 60 万美元，一种选择是，买房出租出去，每个月会收到 3000 美元。但是，3000 美元到了投资者口袋里以后，真的就是投资者的钱了吗？并非如此，因为在很多情况下，这个钱至少一部分还要再花出去。比如说空调坏了、热水器坏了、屋顶坏了，修一修就是几千美元；甚至有的时候房子漏水，然后长了霉菌，维修费用就接近一万美元了。所以很多时候租金最后有多少是一个未知数。

相对而言，如果用 60 万美元现金去买 10 块土地，6 万美元一块。投资者可以做一件事情，叫作卖方融资，也就是卖家充当银行的角色，贷款给买家，买家分期付给卖家购置地产的款项。

实际操作中，涉及一个概念，叫作"多德·弗兰克法案"（Dodd-Frank Act）。简单来说就是，投资者自己是银行，把钱贷款给买家，买家每个月还款。假设是 6 万美元的土地，那么 5 年期的贷款，年利率是 12%。

投资者每年收 12% 的利息，算下来买家每个月的月供是 1335 美元。可以认为 1000 美元是本金，另外 335 美元是利息。

假如说投资者有 10 块这样的地卖出去，就代表每个月的利息收入是 3350 美元。

这些利息收入跟房租虽然在金额上是接近的，但实际上它到了投资者的口袋里就不会再出来了。第一，土地没有可维修的地方，它就是一个空地，不像房子那么复杂，没有很多要维修、要管理的问题。第二，土地已经卖给了对方，对方是土地的地主，所以投资者并不是房东或者地主，没有很多的责任。买房的时候办了房贷，贷款给银行，银行对房子没有责任的。同样，投资者对土地是没有责任的。

所以很多人认为，土地投资不像出租房那样，可以产生现金流，这是一种误解和错觉。土地投资有它产生现金流的方式，而且可能比房产投资更加稳定和有效。

这是绝大部分人没有意识到的一个投资方向，尤其是中国的投资者对土地投资还非常陌生。

第五章

房价刚性上涨的英国房地产市场

跟美国房地产很相似的英国也可以简单用几个关键词来概括：保值、避险、财富传承。英国是全球富人资产的"保险箱"，经历了上百年的风雨，仍然屹立不倒，仍然在吸引全球人才。在伦敦核心区的富人们，手里的土地和房产都是百年资产，代代相传。

第一节
城市更新：伦敦的深谋远虑 »»»

借助"旧改"来稳定制造业、房地产和经济的方式，过去二十年一直被伦敦用得风生水起。

伦敦是一个"基建狂魔"。伦敦的基建速度虽然远远比不上一些发展中国家，但放在发达国家里却算是跑得快的。尤其是在旧城改造上，伦敦经验丰富。现任伦敦市长萨迪克从 2016 年接替鲍里斯上台后，就批准了 130 多项各类城市更新计划。

全球金融危机爆发后，伦敦更是完成了多项重大旧改和基建项目，例如金丝雀码头、国王十字车站等大型办公和商业区的改建、伦敦奥运会场馆的建造、巴特西电站的改造、横贯伦敦东西方向的伊丽莎白线等。

这些项目让曾经规划和交通比较落后的东伦敦逐渐成为伦敦年轻人重要的居住区域，也让住在伦敦西边的人群，能够更快捷地到达伦敦市中心。

而这些享受到旧改红利的区域，房价也有了支撑力。在英国脱欧谈判最焦灼的 2018—2019 年，伦敦房价也受到了影响。但即便如此，仍然还有几个区域有微弱的涨幅。

彭博社曾经统计了伦敦各个区域 2018 年 6 月至 2019 年 6 月的房价涨跌情况，毫不意外，大部分区域房价都是下跌，但也还有几个区域在坚强地支撑着，比如哈林盖区域这段时间房价涨幅甚至达到了 6%。

房价上涨的 7 个区域既算不上传统富人区，也算不上伦敦最核心的区域。但有一个共同点：所在区域都是伦敦正在重新开发的重建区，而且能在 30 分钟的地铁通勤时间里，到达伦敦金融城或金丝雀码头。

旧改和棚改不仅承担着拉动制造业、稳定经济增长的重要使命，也在默默地改变着一个城市的房地产投资格局。

伦敦各区域房价的分化，早在 2014 年就已经被敏锐的投资者洞察到了。2014 年，仲量联行（JLL）英国住宅研究部主管亚当·查利斯（Adam Challis）在接受采访时谈道："华人购房者看重有良好升值潜力的地区，同时他们也要求有较高的租金回报（通常希望毛收益率能达到 5%～5.5%）。这意味着他们热衷于购买伦敦中心区外围的重建区域的新房而不是市中心黄金地段的房产。河景房尤其受他们的欢迎，东伦敦的一些区域比如金丝雀码头和斯特拉福也很受欢迎。伦敦黄金地段有大量'丰碑式的房产'(Trophy Properties)，它们确实能提供最好的资本增值前景，但房源极少。与之相反，重建区域房产的价格更低，且房源充足，同时也有好的增值前景。"当时的英国，刚刚从全球金融危机的冲击中走出，伦敦的房地产市场也重新恢复了活力，高端住宅价格已经比 2009 年第二季度最低谷时上涨了 55%。

鲍里斯在 2008 年至 2016 年期间，连续担任了两届伦敦市长。任职期间，鲍里斯推动了多个大规模的城市改造和重建计划，8 年时间里，许多发展滞后地区因此焕然一新。

鲍里斯正在一步步缩小伦敦各个区域间的发展差距，他在担任伦敦市长期间，推出的多项重建项目让当地房价涨幅超过了伦敦的平均水平。过去这二十多年里，其实伦敦一直在做旧城改造。英国政府也一直规定，新开发的住宅项目要求60%来自土地重新开发。

伦敦的旧改项目，一般分以下几三类。

一是地处市中心，但因产业搬迁而逐渐衰败的区域，通过旧改和重建，重新规划整个区域的产业格局，引入更多有活力的企业，从而盘活整个区域，而不是只期望建几栋写字楼和商场就能拉动人气。最为著名的就是伦敦码头区（London Docklands）的重建，整个区域位于泰晤士河的北岸，曾经是世界最大港口伦敦港的作业区，这里建造了数个港湾、造船厂，还有仓库。不过第二次世界大战之后，随着海上运输规模扩大，大家开始使用集装箱运输，伦敦码头区域就显得太为狭窄，停靠不了大型的船只，从此日渐萧条，沦为伦敦市中心面积达 21 平方公里的废墟。

著名的金丝雀码头、皇家码头都位于这块区域，而在金丝雀码头上现在建起了伦敦新金融城，经过二十多年的开发，金丝雀码头形成了欧洲最大的摩天大楼群，在这里工作的金融从业人员，是老金融城的三倍。

另一个规模仅次于金丝雀码头的旧改项目是泰晤士河南岸的九榆树区域（Nine Elms），它和北岸的码头区一样，曾经也是重要的工业区，坐拥伦敦的地标建筑巴特西发电站。但"二战"的轰炸让九榆树许多工厂受损并被迫关闭。随着伦敦的金融业逐渐占据主导地位，这里的工业区也渐渐衰败。虽然在泰晤士河南岸，但紧邻地标巴特西发电站，与富人区富勒姆、切尔西隔河相望。伦敦市政府也开始着手改造九榆树区域，将它打造成一个集商业、办公和中高端住宅为一体的综合功能区域。现在，苹果公司、美国大使馆都已确定入驻九榆树区域。

第二类旧改项目，就是在伦敦核心区周边，选择地理位置不错，但发展相对落后的区域进行改造。以东伦敦居多，其次是西三区。最瞩目的便是位于东伦敦斯特拉福的奥林匹克公园，行政区域上属于纽汉区。这片区域在建造 2012 年伦敦奥运会场馆之前的六十多年里，虽然靠近金丝雀码头和伦敦金融城，如一块插入伦敦腹地的楔子，但一直是一块城市荒地和工业废弃地，就业率仅有 50%，一度被称为欧洲最穷的社区之一。这也是当时担任伦敦市长的鲍里斯将奥运场馆选在这里的原因。伦敦奥委会在申办时就立下了目标，不但不让这场比赛成为城市的债务负担，还要借此让伦敦最穷的社区重生，并计划在未来 20 年内兴建 1.1 万栋社区住宅，让这个被人遗忘的区域成为足以吸引观光客的艺术区。

"东伦敦已经穷了 200 年，但由于奥运会的关系，伦敦的未来在东边"，这是伦敦奥委会主席的承诺。

从 2008 年至 2016 年期间，纽汉房价上涨了 53.6%，2018 年，在伦敦大部分区域房价下跌的情况下，纽汉依然保持了上涨的势头。而且，随着奥运场馆的建成，还有更多大型项目将入驻纽汉，例如伦敦大学学院新校区、维多利亚和阿尔伯特博物馆新馆、伦敦交通局、英国金融监管局、中国开发商 ABP 的新金融城等。

伦敦另一个逆势上涨的重建区域是位于东伦敦的 Haringey（哈林盖），也是彭博社统计的各个区域中房价涨幅最高的区域，2018 年涨幅超过 6%。2010 年，伦敦市政府花费 10 亿英镑，为哈林盖区的托特纳姆（Tottenham）量身打造"High Road West"重建计划，整个方案耗时 15 年，目的是改善当地的住宅状况和商业配套。托特纳姆也就是热刺足球俱乐部所在的区域，热刺新体育场周围的房价在 2018 年 8 月至 2019 年 8 月期间增长了 8.6%。此后，2017 年 1 月，哈林盖区又与联实集团（Lend Lease）合作，推出了 20 亿美元的旧改项目，收益最大的也是托特纳姆附近。

除了东部区域，西三区也是旧改项目的关注区域。因为紧邻富人区，所以这里的优质学区和公园资源很多，很多伦敦的年轻家庭选择住在这里，尤其以靠近河边的住宅更受欢迎。不过，西三区新兴住宅较少，随着城市重建项目的发起，一些大型开发商也入驻西三区，并选择河滨住宅作为重点开发项目，改善年轻家庭的居住环境。例如伦敦专注重建项目的著名开发商巴利摩（Ballymore），就已经入驻了西三区的豪恩思洛（Hounslow）区域，并拉动了 10 亿英镑的投资，让伦敦西部的创意与产业中心重现繁荣。

伦敦市政府的旧改，不止是改造当地的城市面貌，建造更多的住房，也还要有交通设施的连通，才能让旧改的效果真正体现出来。否则，新城建得再好，解决不了通勤问题，新城将会沦为空城。

第三类旧改，轨道交通的升级计划。

目前伦敦的轨道交通重点开发的区域，集中在伦敦东北部和和东南部，其次是西三区，都属于伦敦年轻人通勤居住区域。跟着这些即将通车，或者已经获得批复的地铁线路买房准没错。伦敦人民最盼望的横贯铁路1号线（Crossrail 1），又称为伊丽莎白线，沿线车站10分钟步行距离范围内的房价，就已经比当地市场高了4%。

提到伦敦的轨道交通升级，就不得不提因交通枢纽地位而成为旧改重点对象的国王十字。国王十字（King's Cross），也就是《哈利·波特》中3/4站台所在的车站，是伦敦重要的交通枢纽。1996年开始筹备重建，在不到20年的时间里，国王十字就从原本的贫困街区摇身变为商业、住宅和生活为一体的新社区，并吸引了谷歌等众多科技企业的入驻。

这座比中国提前了二十多年开展大型旧改的城市，房地产格局早已发生了新的变化。这也恰恰是伦敦这座城市能够一直保持活力的原因之一。通过旧改，集合地理优势，重新规划当地的产业，而绝不仅仅是外观上的改造。二十多年的旧改和重建，伦敦让这些曾经被遗忘的区域得到重生，也让新一代的伦敦人能够在这座城市里有新的容身之所。

第二节
向东走：伦敦的新生 >>>>

二十年前，对于投资伦敦的人而言，"宁要西边一张床，不要东边一间房"恐怕是他们最真实的心声。就像 1992 年上海浦东新区成立之前，浦东在上海人眼里是作为乡下存在的。如今，浦东新区已经成为了上海金融和科技产业的集中地。陆家嘴、张江高科技园区，都成为了全球很多后发城市对标的区域。现在的伦敦也经历着这样的变化，作为欧洲最大的金融中心，伦敦的城市发展格局基本上是围绕金融产业集中地向外辐射的。伦敦从西一区的老城区和老金融城为起点，向东边的金丝雀码头、皇家码头开发了新的 CBD 区域，并在泰晤士河北岸、东伦敦区域向外围继续延伸。

这点和广州很相似，城市发展方向都是在以原有中心为起点，往东部迁移。广州以最大的 CBD 珠江新城为起点，向东沿珠江建立多个副 CBD 群。

要看城市改造项目究竟是不是面子工程，主看这几点：

第一，人口有没有引入。

第二，交通有没有跟上。

第三，产业有没有铺开。

产业可以吸引人口，交通可以输送人口。在伦敦这种自由市场，住房供应不足的情况下，房价和经济是呈高度正相关的。东伦敦的改造，就是伦敦的成长故事。

一、人口

2018 年，东伦敦一共有 110 万人，平均年龄为 33.6 岁，比英格兰的平均年龄低了 7 岁。全球地产咨询公司莱坊报告显示，从 2019 年到 2041 年，东伦敦将一直是伦敦人口增长最迅猛的地区。很多人会觉得东伦敦居住的人群素质不高，但事实并非如此，这里的精英阶层比较多，学生和工人群体则主要分布在外围区域。

二、交通

伊丽莎白线（Crossrail 1）是欧洲建造规模最大的地铁线，全长 42 公里，通车之后，横穿伦敦的时间将被缩短为 45 分钟，从希斯罗机场到伦敦金融城只要 34 分钟。沿着这条经典的横贯东西线，可以从西伦敦直达伦敦金丝雀码头、伦敦科技城（Liverpool Street 站），也可以到达东伦敦最大的交通枢纽站斯特拉福。

斯特拉福站是六条轨道交通的交汇处，每年运输的乘客超过 1200 万人。从 Stradford 站出发乘坐地铁，8 分钟便可以达到金丝雀码头，进入 CBD，投身全球金融市场。

东伦敦的线路密集程度，完全可以媲美西伦敦。买房需要沿着地铁线，寻找最方便到达金丝雀码头的站点。

目前 Jubilee 线和 DLR 线是可以到达金丝雀码头的，只要房子位于这两条线上，或者更方便地换乘到这两条线，就能保证租客，可以在三十分钟内（地铁加步行）到达公司。

三、产业

东伦敦最早发展的是金丝雀码头——新金融城，基本上这也是除了伦敦的地标景点之外，中国人最熟悉的一片区域了。改造前和改造后，简直天壤之别。

目前，金丝雀码头已经成为欧洲最大的摩天大楼群，伦敦34%的金融从业人员都在这里工作，总人数近12万人，平均年收入10万英镑，更不用说金融高管的收入。以这些金融从业人员的收入，在金融城附近买房完全无压力。摩根大通、瑞士信贷、汇丰、花旗、巴克莱银行、安永、路透社、经济学人、英特尔等大名鼎鼎的国际企业都在这里办公。

光有金融产业还不够，伦敦市政府在2010年的时候，又把科技城定在了东伦敦。思科、英特尔、亚马逊、彭博社、推特、高通等2000多家公司开始进驻，仅2011年就有200多家科技企业将总部定在伦敦科技城（Tech City）。现在，伦敦科技城每平方公里平均有3200家高科技企业，是全球第三大高科技产业区。

从2014年开始，伦敦科技城每年都会举办一次伦敦科技周，目前已经成为全球最为出名的科技盛会。这里也是全球最贵的科技产业社区，在2017年的时候，莱坊就做过统计，东伦敦科技城的租金是每平方英尺91美元，在当时换算成人民币需要190元/平方米/天。

伦敦科技城的位置，刚好就在老金融城和新金融城之间。科技加金融的产业搭配简直无敌，就相当于深圳南山粤海街道办的高科技企业有了深圳前海金融产业的扶持，让深圳成为了最牛"宇宙中心"。

人口、交通、产业，这三大关口，东伦敦都通过了。

第三节
码头地产：伦敦价值洼地 》》》

2020 年 6 月，李嘉诚豪赌英国，又上了新闻头条。但这一次他的野心远超以往，预计花费 10 亿英镑，在英国伦敦金丝雀码头对面的康沃斯码头（Convoy Wharf），新建一个类似香港太古城的大型社区。但更关键的是，李嘉诚名下的和记黄埔拿下康沃斯码头这片土地的时间，是 2005 年。囤地 15 年，再造一个香港城。李超人的这场赌博，最终能成功吗？

英国拥抱世界始于大航海时代。在那个人人都想出海冒险的时代，远方的财富就像一块磁铁，吸引着所有无畏的人类。西班牙有麦哲伦，英国有德雷克。德雷克被认为是世界上第二名完成环球航行的人。16 世纪，他和他的船队绝不会想到，当时造船出海的码头在 500 年后，成为了中国香港前首富名下的资产。康沃斯码头也叫护航码头，最开始是一个负责为航海探险的船队建造船只的皇家码头，因而得名。1840 年，英国炮火炸开中国大门的时候，这个码头因为泰晤士河的淤积而被迫关闭，只留下了一个矮矮的大仓库。然而，谁都没有想到，这个历经风雨和炮火的仓库被一直保留到了今天，成为了英国二级保护建筑。

所以，对一直都在做城市更新的伦敦来说，这一块地皮自然也是在更新计划当中的。要么改造成历史景点，对游客开放，要么做成生活社区，增添人气。但无论是哪种用途，仅凭政府的力量都是不够的。于是，2003年，这个码头的上一任主人，英国新闻国际集团（News International）公开招标，引入市场资金进行更新。李嘉诚的和记黄埔就是这个时候看上了这里，花费1亿欧元买了下来。

康沃斯码头可开发面积共16.5万平方米，大概是20个足球场的大小。在规划中，码头被分为22个地块，将分为三个阶段进行开发。最近获批的第一阶段包括三个地块，分别是15号、08号和22号，都比较有代表性。15号地块将建成124套经济适用房，大部分都是出租房。08号地块则主要是企业入驻，包括咖啡馆、饭店和商店，未来跟南部的高街连接起来。22号比较特殊，是在码头延伸到泰晤士河中央的一块公共开放空间，包括一些展示空间和未来与泰晤士河快船网络连接的"河上公共汽车"浮桥。等到第一阶段落成，这个码头社区的基本框架也出来了。

整体来看，这里将建成3500套住房，包括525套经济适用房，以及小学、医院、商业空间和公共开放空间，将创造2000多个全职工作岗位和至少1200个建筑工作岗位。

城市更新项目，既能创造新的就业岗位，又能利用起闲置资源，吸纳投资。

2014年，鲍里斯还在当伦敦市长时，他就批准了康沃斯码头这一重建项目，但是迟迟没有获得动工批准。但从2016年开始，伦敦类似旧改的城市更新明显提速了。现任伦敦市长萨迪克接替鲍里斯上台后，就批准了 130 多项各类城市更新计划。诸如金丝雀码头、国王十字车站、巴特西电站和横贯伦敦东西方的伊丽莎白线等城市更新项目，彻底改变了以往东伦敦无人问津的状态，令更多的英国年轻人开始关注甚至住进了东伦敦地区。

因此，康沃斯码头所在的东伦敦地区，投资价值非常高，过去十几年的布局阶段中，其实不仅仅李嘉诚一家香港开发商在出手。根据统计，新世界开发的楼盘 Greenwich Peninsula，新鸿基开发的楼盘 Goodluckhope 和 Millharbour Quarter 都在东伦敦，而且之间的距离不远，如果有机联系起来，这块区域就是一个未来的"香港城"。

太古城跟康沃斯码头有着异曲同工之妙。两个地方前身都是船坞，都是城市更新的一部分，邻近的区域都是当地的经济中心圈，关键的是，在这些上万人的庞大社区里，都居住着香港的中产者。

未来这 3500 套房子，也没有法律规定要全卖给香港人，城市更新区域一直以来都是当地年轻中产最爱的标的物，因为成本肯定要比周围早已发展起来的区域偏低，但配套却是最好最新的。这就意味着后续的补涨空间。无论是自住再转手还是单纯出租，都会非常火爆。不少开发商已经敏锐地蹭上了李嘉诚伦敦造城的概念，开始推新盘了。

第六章

高度管控下的欧盟房地产市场

西方房地产有两种类型，一种是以美国和英国为代表的自由市场主义，把房地产当作资产来看待；政府对房地产管制较少，也能用更多金融手段来调控，但往往价格起伏较大。

另一种是以法国和德国为代表的欧陆模式，更多地把房地产当作基础设施、对公民的基本保障来看待；政府有较多的管制措施，房地产走势较平稳，不会大起大落。2008 年金融危机后，法国明显比英美的房价走势平稳。

第一节
法国 >>>>

一、法国没有疯狂的房价上涨

中国投资房产，主要看上涨。除去上涨，租金回报率低得可怜。北京、上海也就一两个百分点。

房价上涨可能迅猛，但不确定性极高；租金的回报相对和缓，但稳定而长久。

法国以及欧洲楼市，近年来由冷转热，根本原因是经济基本面向好。楼市冷暖并非仅建立在是否放水基础上，而是与经济走势、居民收入紧密相关。在法国，开发商没有高周转的压力，购房者不会排队抢筹，普通人也没有"房奴"的焦虑。

实际上，在法国成为"房奴"也并不容易：申请购房贷款，银行审批得很严，既要看实际收入，还要严格按房子的收益进行评估。而央行大放水时的中国，银行放贷宽松，再加六个钱包，非要让刚参加工作、月薪四五千的年轻人买几百上千万的房子不可。这在法国是不可想象的。

法国整个社会显露出一种淡定，这既与稳定的法律制度、不同的生活观和价值观有关，也与楼市有关。

法国的房地产不会大起大落，它的价格是可以预期的。而中国楼市就像一匹野马，谁也无法预料房价下一年会怎么变——疯涨？下跌？僵持？一年上升50%？法国人只有在赌场见过这样的筹码回报和疯狂。这样快速的起伏，给人的并不只有高额回报的快感，还有一不小心就被抛下的恐惧，以及对系统性崩盘的担忧和恐惧。中国的楼市焦虑，很大程度来源于对高速变化的房价无法把握的无力感。现在不买，就会越来越买不起。这是无数拿着六个钱包，砸锅卖铁慌忙买房的中国人给出的最主要的理由。不确定性，即是焦虑之源。

二、确定性从何而来？

法国有一整套管制措施，例如：

> 房东不能随便涨租金，只能按国家公布的建筑指数上涨标准来调整。

> 购房者贷款很严，还贷数额不能超过其月收入的三分之一。

> 每个市镇必须要有20%～30%的低租金福利房。

> 对非自住房产，持有年限如果不到，出售时升值部分的三分之一要交给税务机构。

> 持有第二套、第三套房产，须缴纳高出一倍的房产税，房产空置得交空置税。

这些做法的核心，是通过法律来压缩"炒房"的利润空间，削弱人们的"炒房"欲望。

从一系列信号来看，中国已明确选定未来的房地产模式和道路，官方的话语叫作建立房地产市场的长效机制——以更通俗的说法来讲，即中国选择了欧陆模式。近来的一系列密集措施，无不是把各个环节和领域纳入控制之中。

为什么中国会选择欧陆模式？第一，房地产作为主要经济行业，不能脱离中国政治经济的基本取向。这点不言而喻。第二，房地产在中国经济中的角色正处于历史性的巨变：过去是带动经济的引擎，而未来会越来越成为资产泡沫的隐患，对制造业的挤出效应更加明显。

中国由于一直用政策托底的方式来维持楼市20年一路向上，形成极少见的没有周期起落的梦幻轨迹，但同时，泡沫和风险的累积也日渐深重。

未来经济下行可能性高，中国放水刺激不可避免，刺激经济同时须不吹大房地产泡沫。在这种情况下，采用欧陆式的管制型房地产之路是唯一的选择。

当下的楼市措施，所有一切都可归到一点，防止放出的水进到楼市去炒作。

大多数人对中国楼市有一种信仰，即房价会一直上涨，政策限购挡不住市场的需求。但参考法国的房地产市场会发现对楼市的管控并非不可实现。法国有一整套严格的制度，把价格、交易、预期纳入到稳定的轨道。

一旦选择了欧陆模式，有几件事就可以肯定：

（1）限制性政策不会是临时性的，而是着眼于长效；

（2）控制型房地产模式的关键，是增加买卖流通过程中的摩擦成本，降低流通速度，使房产收益降到普通银行理财产品的水平。这也是为什么在法国人心中，提到房产首先想到的是租金收益。中国走上这条路，就意味着房产市场的进入和退出将不会那么容易；尤其一、二线城市，进入和退出都将很难；

（3）交易被锁死，但住房需求不会减少，租金上涨几乎是铁板钉钉的事。房价上涨受控的情况下，租金收益会成为投资人更为关心的数字。建议有住房需求的人与房东签合同能签多长签多长，将价格锁死。

稳健市场并不意味着没有投资机会，反而会有更多大资金愿意进入这样的市场。

三、财富逻辑在变

种种迹象表明，中国人的财富逻辑正在经历拐点。在新常态下，国家经济换挡，个人的财富逻辑必然要随之而变。

第一，财富思维要从争夺战变为保卫战。不要光想着怎么赚得多，现在要把如何保护现有资产提到日程上来。很多人买P2P，最主要看收益率，哪个高就买哪个，其他风险评级放在很次要的位置。买银行理财产品也是这样，看的都是收益率那一栏。这其实就是在赌，赌所有的产品不会出事。出事是迟早的。2017年高层其实就在放风了，打破刚兑；换句话说，以前债务还不上可能还有人兜底，现在则是直接亏损。各种风险在上升，投资者如果还是争夺战思维，踩雷是一定的。

第二，要有分散思维。保护财富的方法之一就是分散，将风险分散，一旦出现风险不会损失惨重。分散，意味着要有更宽广的视野，不要把资产放一个地方、一种品类、一个宏观因子的影响下。如果把人民币资产的一部分转变为美元资产，这样汇率上升或下跌可以得到对冲。这也是为什么在合规情况下，应该有全球的资产配置的选择。更高级的分散是对冲。

第三，寻找确定性的收益，避免单一的暴利思维。分散之后，一部分资产追求超额收益，但还要有一部分资产应该是追求确定性的收益。这个世界上确定性的资产其实不少，不光是中国的银行理财。比如法国人就把房产看作一个稳定收益来源。

法国有一样比别国更突出的投资标的，就是旅游地产。全世界第一旅游大国，不是中国，不是意大利，而是法国。法国为了扶持旅游，给了旅游地产不少优惠，比如外国人可以贷款，持有年限到了可以免增值税等。

人的想象力不仅会被贫穷限制，也会被视野限制。其实大可以放眼全球，看看那些经典的旅游目的地，比如美国的佛州、澳大利亚的黄金海岸、法国的迪士尼，这些才是旅游地产的经典投资地，它们的玩法和回报是经过时间检验的，投资会更有底气。

第二节
瑞士 〉〉〉

瑞士不适合绝大多数中国人去买房。

首先，在瑞士短期炒房赚差价是不现实的。过去三五年，瑞士房价很是稳定，多在 1% ～ 2% 波动。

瑞士国土面积 4.13 万平方公里，比中国台湾岛稍大，60% 是阿尔卑斯山山地，还有大大小小众多湖泊，也就是说适合城市人居住的地方只有一万平方公里出头。

瑞士人口 800 多万，加上永久居住的外国人 200 多万，全国常住人口也就相当于中国一个强二线城市的人口。瑞士最大的城市苏黎世人口也仅有 40 万。

瑞士房价最贵的地方是苏黎世，日内瓦、洛桑、巴塞尔、伯尔尼这些大城市和旅游胜地也都不低。

瑞士是一个很古老、传统保存得很好的国家，同时它也是一个根本不缺少住宅的国家。

以苏黎世为例，市区和风景区房价一般是 3 万～ 6 万元人民币 / 平方米，郊区为 2 万～ 4 万元人民币 / 平方米。一套建筑面积 100 平方米的住宅总价，大约相当于瑞士人 6 ～ 10 年的工资。所以，瑞士人基本没有买房的压力。早个十来年，瑞士房价压力更小。除了价格低，政策优惠力度还很大，比如买房零首付，银行按揭可以长达 50 年。

21 世纪初直到 2012 年，由于量化宽松政策、旅游业的发展以及外来人口的涌入，瑞士的房价年均上涨达到 5.4%。十几年时间里，瑞士业主住宅价格累计上涨了 54%，独栋住宅（single home）上涨了 34%，租住公寓上涨幅度也达到 33%。

但在过去五年，瑞士房价涨幅变得平缓，原因是国家出台了一系列限制措施，比如提高首付至 5% ～ 20%，征收房产收益税等。瑞士有 26 个州，每州法律、税率不尽相同，但大多数州大体情况差不多。

在苏黎世州，购买房屋后，第一年转手要缴纳房屋增值部分的 45%，第二年缴纳 40%，第三年缴纳 35%……以此类推。

瑞士长期限制外国人持有瑞士资产。不过不同的州对外国人购置物业的法规不同，而大体规律是：房价越高的州对外国人的限制越多，这些限制条件包括居留时间、土地年度许可证配额等。

即便外国人符合条件买到了土地，也不能随心所欲在瑞士建房：首先要去相关机构报备，审核土地性质等，获得许可。然后需要根据所在小区的整体规划、邻居的住房样式，从相关机构提供的住房款式中，选择自己喜欢的一款。再然后，购房者需要在所购置的土地上树立若干标高杆，还要贴上土地所有权人的大幅照片和电话，这个过程大约要等一个月左右。如果没人提出异议就可以联系住宅的设计单位，做出比较详细的设计规划和建筑方案。紧接着，需要拿着这份建筑方案找所有的邻居签字，只有当他们都签字表示同意以后才可以真正动工。哪怕只要有一个邻居不同意，这房子就不能建。如果正好有一个邻居决定在国外居住一段时间，那么也只能耐心地等下去。当然，房子建造过程也是有时限限制的，不能没完没了地建下去。由于房子基本都有标准构件，所以与其说是在建房子，不如说是组装房子。

事实上，像瑞士这样的国家，可能更适合养老，而不怎么适合年轻人在那里打拼。瑞士非常完美地诠释了什么叫"好山、好水、好无聊"：每天过了晚上六七点，商店关门闭户，大街上几乎空无一人。

和中国相比，瑞士的很多城市感觉更像"古城"。瑞士的多数民居都有百八十年的历史，至于教堂、市政厅等建筑，四五百年历史都是有的。首都伯尔尼甚至保持了 12 世纪建城以来的基本格局。

第三节
德国 〉〉〉

德国是全球房地产市场中最特别的。德国楼市过去二十年，可以被一分为二。在前十年，主要国家和地区的房价纷纷上涨，德国的房价却在走下坡路；直到后十年，德国才慢悠悠地跟上节奏。

一、楼市大潮中的"逆行者"

用"逆行者"来形容德国的楼市一点也不为过。这个国家楼市的反射弧有点长，总比别国慢半拍。这一个半拍，等于十年。从1996年到2016年，澳大利亚、英国、加拿大、美国、中国大陆、中国香港的房价都涨了2～5倍，加上2017年上半年的一波暴涨，这个数字还会更大一些。而德国，二十年间房价涨幅，勉强不到150%。德国是为数不多的几个在2008年金融危机时房价没有下跌的国家。

然而，房价在金融危机面前都岿然不动的德国，在2017年反倒是惊艳全场。在柏林的带领下，德国大城市在2017年示范了一把从百废待举到地产黑马的逆袭之路。

2017年，在莱坊统计的全球150座城市中，只有柏林的房价涨幅超过了20%，全年上涨20.5%，而汉堡、慕尼黑、法兰克福的房价也分别上涨了14.1%、13.8%和13.4%，把香港、伦敦、悉尼、墨尔本、纽约等通通甩在后面。

以经济稳定著称的德国，一向无比忌惮通胀和泡沫。一个城市的房价出现20%的涨幅，对于当地居民来说，完全称得上"暴涨"了。德国不同类型的房产，从金融危机至今，累计涨幅分别在40%～80%之间。

二、谁给德国的勇气

德国长期实行以居住为导向的住房制度，并为此颁布了一系列法律来保障制度实行。因此德国房价可以在历次的金融危机前面不改色，保持长期稳定。

在德国，房地产业被视为国家社会福利体系中的一部分，而非作为国家经济的"支柱产业"，它绝对是"房住不炒"的忠实拥护者。

德国住房政策有"四大护卫"：《住房建设法》《私有住房补助金法》《住房补助金法》和《住房租赁法》。其中前两部法律保证了"二战"之后德国的住房供给的平稳，但已经被废止。德国的法律为房屋定价做了严格要求，规定如果开发商制定的房价超过合理房价的20%，购房者可以起诉开发商，如果超过50%，就被视为犯罪。《住房租赁法》保护了租金市场的稳定。在二手房房租或新签订的房租合约里，三年内房租涨幅不得超过20%，如果房租涨幅超过50%就构成犯罪。同时房租不能超过当地租金水平的20%。

除此之外，还有各类为抑制投机而设定的房地产相关税率。例如，未满10年出售的房屋，需缴纳25%的资本利得税。超过10年买卖的盈利部分需缴纳15%的差价盈利税。

多重政策的限制下，想在德国房地产市场炒房投机，比登天还难。因此德国房价也一直处于稳定状况。

近年来德国房价上涨，并非是疯狂进场的投机客炒起来的，而是因需求上涨和供应不足造成的。

刺激德国房地产需求最主要的一个因素是房贷利率下降，还贷压力大幅下降，租房不如买房，居民买房意愿自然就增加了。德国的利率于2009年正式进入下坡路，恰好就是德国房价加速上涨的开始，并在利率处于历史低位时再拉升了一波房价。金融危机之后全球进入货币大宽松时代，到了 2014 年，欧洲实行存款负利率政策，德国的房屋贷款利率更是下降至历史低位。据德意志银行的数据，目前 5 ～ 10 年期房贷利率还不到 2%。

当然，光是低利率也很难刺激房价上涨，还得有庞大的需求。过去五年来，德国的外来人口和总人口呈现出齐头并进的趋势，就连涨幅都是一致的。而且最近三年的涨幅也明显高于 2011 年。作为欧洲经济的领头羊，德国吸引了大量欧盟国家的人口涌入，再加上英国脱欧带来的溢出效应，也让曾经在英国定居的人群来到德国生活和工作。莱坊预计，2015—2030 年，柏林、慕尼黑和法兰克福的人口将分别上涨 6%、12% 和 8%。

在人口持续上涨的情况下，房屋建筑速度却没跟上，这就造成了德国房屋短缺。据德国统计局的数据，德国的房屋建筑量在 2006 年经历了一波高潮后，在 2008 年突然就跑不动了，一直低于政府的审批数量。根据德国联邦统计局的数据，2019 年德国建造的住宅比上一年增长了 2%，达到了近 20 年来的最高水平，大约为 293000 套。但对于至少 40 万套的需求来说，仍然存在很大的住房缺口，还会继续推升房价和房租的上涨。

三、德国还值得投资吗？

德国是发达国家里唯一的价值洼地。

目前房价最高的慕尼黑，市中心单价为 9718 欧元 / 平方米，折合人民币 7.5 万元 / 平方米。而 2017 年涨得最凶的柏林，市中心房价仅为 4987 欧元 / 平方米，折合人民币为 3.9 万元 / 平方米，也是德国大城市中最低的一个。

目前，柏林、法兰克福、慕尼黑这三座城市的房地产市场都还处于相对健康的状态，投资风险很低。据德国地产研究公司卡特拉（Catella）最新的报告，以上三座城市的房地产市场风险指数都仅为 10 ～ 15（满分 100 分），尚不存在泡沫风险。

（1）柏林

"柏林穷，但是性感"，这是柏林前市长沃维雷特（Klaus Wowereit）在 2003 年城市陷入财务危机时说过的一句名言。这句话用来形容柏林现在的房价也一点也不过时。

柏林虽然是德国的首都，但房价低，上涨空间还很大。柏林的房价在 2006 年到 2011 年之间几乎没怎么变，直到 2011 年后才开始上涨，并在最近两年有加速的趋势。

但柏林的楼市却面临着分裂的局面。房价上涨的同时，房屋供应量却下降了。据德意志银行的统计，柏林房屋审批数量和房屋建成数量之间的空缺是德国大城市中最严重的。2016 年通过审批的房屋中仅有一半顺利完工。房源如此紧张，不用炒房价就自己上去了。

柏林房价上涨的背后，也离不开众多高级人才的大量涌入。德国除了将制造业做到极致，近几年科技和互联网行业也做得风生水起。

目前柏林总人口 369 万，仅 2017 年上半年，柏林人口净增 1.84 万人。预计到 2030 年，柏林人口还将增加 40 万人。背后是大量移民的支撑。根据柏林房地产经纪数据平台古斯曼（Guthmann）

对柏林各地区人口来源的统计，柏林 24 个区域中，仅有一个区域的外国人比例低于 50%。

中国的硅谷在深圳，而德国的硅谷在柏林。谷歌、Facebook、亚马逊、腾讯、阿里巴巴等都在柏林设立了分公司。互联网大咖云集的柏林，吸引了众多顶级投资公司来此"砸金蛋"，带活了柏林的资本市场，也为柏林带来了大量高端人才。

正因如此，2015—2017 年，柏林的租金也是节节攀高。据德意志银行的统计，这三年柏林租金涨幅如下。

➢ 2015 年：2.5%；

➢ 2016 年：7%；

➢ 2017 年：11%。

相对于德国其他大城市，柏林之前房价一直处于低价位，慕尼黑、法兰克福、汉堡的房价都远远高于柏林。但柏林作为德国首都和欧洲互联网中心的特殊地位，配上当前的低价位，价值洼地的属性凸显。

从 Guthmann 统计的各种类型的房屋价格走势来看，阁楼式公寓的涨幅最大。2018 年第一季度这类公寓价格同比上涨了11%。阁楼式公寓类似于国内常见的单人 Loft，楼下是活动空间，楼上是卧室。

这类公寓也符合柏林现在的家庭需求。据 Guthmann 报道，柏林 55% 的家庭都是单身，单身家庭和两人情侣家庭的比率高达81%，因此对于阁楼式单身公寓的需求量会更高。

（2）法兰克福

法兰克福一般是中国人到德国投资的第一站。普华永道把法兰克福列为欧洲房产投资和开发前景最好的城市。

法兰克福虽然人口仅有 70 万，却是欧洲央行的所在地，也是在欧洲仅次于伦敦的金融中心。全球范围内，一共有 470 家银行在法兰克福设有办事处，目前欧洲排名前十的银行中，也有 8 个已经在法兰克福开设了分支机构；而全球 10 大保险机构中，也有 6 个在法兰克福有分部。随着英国脱欧，法兰克福作为欧洲新金融中心的趋势就越来越明显了。自然而然就会带动当地的房地产投资。

法兰克福的房价在 2017 年全年上涨 13.4%，公寓涨幅要高于普通住宅。截至 2017 年上半年，法兰克福的公寓价格同比上涨了 22%，飙升到了 3167 欧元 / 平方米，一居室和两居室的家庭住宅房屋均价上涨了 12%，达到 2240 欧元 / 平方米。

而且，从 2011 年开始，法兰克福的住宅完工量就一直跟不上政府审批的数量，房屋短缺的问题也比较严重。随着法兰克福吸纳的金融机构越来越多，对住房的需求也会不断上涨，再加上房屋建筑量跟不上，房价自然还会上涨。

（3）慕尼黑

慕尼黑的住宅空置率在德国大城市中最低。2015 年的空置率仅为 0.2%，还不到其他城市的一半。但目前的房价和房租的涨幅比较疲软，租金回报率也是德国最低的。

慕尼黑作为德国房价唯一可以比肩北上深的城市，公寓价格涨幅也开始下滑了。尤其是到了 2017 年下半年，上涨动力稍显不足，相比上半年仅上涨了 1.3%。而慕尼黑公寓的租金也是自 2005 年来首次在去年下半年出现下跌，拖累 2017 年全年租金仅上涨了 5%。由于 2017 年慕尼黑的新房建设数量达到历史高点，缓解了房屋供应问题，也导致房价和房租有所放缓。而且，德意志银行发现，高房价和高房租的压力下，慕尼黑的年轻人也"逃离北上广"，搬到生活压力更小一点的城市。

四、稳定的回报

对比柏林、法兰克福、慕尼黑这三座城市，能称得上价值洼地的，只剩下柏林、法兰克福。这两座城市的房价和租金回报率都大体相似，适合入手。

对于一个极度忌讳通胀和泡沫的国家，德国的房地产市场胜在稳定增长和安全性，房价的泡沫没有在全球货币大放水的时候堆积起来，目前也一直在低位增长。

正是因为这个原因，这里并不适合投机客。因为十年内的房产交易必须支付 25% 的资本利得税，如果想在这个市场快进快出，很大一部分利润空间就献给了德国税务局。最好的做法，就是在这些小而美的城市中挑选喜欢的资产。先抓住最近几年这些价值洼地租金和房价上涨带来的高收益，再慢慢享受它们带来的稳定与安全。就像"德国制造"带给消费者十年放心体验，这些价值洼地，也能给投资者带来十年不错的回报。

第七章

**依赖国际投资者的澳大利亚
房地产市场**

7

美加澳新四个国家对于世界，就好像北上广深四城对于中国一样，吸引着各地的人才和资金，有着成熟的房地产市场，房价也有标志性意义。澳大利亚房地产市场跟中国人的关系非常密切，是中国人最喜欢投资的目的地之一，在过去十年的低利率环境下，房价也是一路上涨。在新冠疫情之后的史诗级大放水刺激下，房地产市场也迎来了新的繁荣。然而，依赖中国以及海外资金实际上是一把双刃剑，当这些热钱流入，房地产市场就会令世人震撼，但一旦资金撤出，房价也会面临暴跌的风险。

第一节
楼市遇冷 》》》

新房墙面开裂，住户被迫搬离，昔日楼王遭嫌弃，房价 1 元也无人问津。这样的故事，最可能发生在燕郊，和许多被热钱捧上天又被资本摔下地的城市。

但它从当下的中国被原封不动地搬到了澳大利亚。2018 年平安夜前，位于悉尼奥林匹克公园的楼王"Opal Tower"突然出现墙面开裂。正在为节日做准备的住户收到物业通知，需要尽快搬离大楼。彼时这栋耗资一亿六千五百万澳元建成的 34 层高端公寓距离建成才九个月时间。

一、楼王出价"1元"大甩卖，没人要

Opal tower 的空中花园预制板出现裂痕后，业主们不得不在圣诞节后流离失所，辗转于各个民宿。租客们还要负担每周 600 澳元的房租。

曾几何时，Opal Tower 的业主们对 60 万澳元的出让价不屑一顾。如今，甚至还有人出价 1 澳元来羞辱业主们。

据澳大利亚媒体的报道，大楼出现质量问题，最可能的原因是开发商和建筑商之间出现矛盾。由于 Opal Tower 的开发商拖欠建筑商账款，拿不到工程款的建筑商和下级承包商就有可能用偷工减料来"报复"开发商。同时，不少开发商和建筑商为了赚快钱，要求设计师怎么省钱怎么设计。《悉尼晨锋报》称过去 10 年，建筑行业的设计风险管理也出现了很多问题。一些不负责任的开发商让很多不相干的人都可以参与到大楼结构及其他一些关键设计中来。

但在长达十多年的房地产大牛市期间，许多的问题和风险都被掩盖在快速增长的房价中，没有及时显现出来。

二、不跌不知道，一跌吓一跳

随着 2018 年澳大利亚整体房价开始降温，冰山效应来了。

更多让买家蒙受损失的房产问题浮出水面，其中一些还透露出庞氏骗局的影子。

2018 年 8 月，澳大利亚期房代理公司中国分公司澳信被曝出资金链断裂，涉及金额 2 亿多元人民币。澳信中国业务瘫痪，留下澳大利亚 130 多套房产未结算，许多客户的定金就这么没了。这些定金，少则 4 万澳元，多则 200 万澳元。据澳洲中文网报道，某些家庭为了在澳置业还卖掉了中国的房子。

把澳信和其他海外买家挡在门外的，是澳大利亚逐步收紧的房产买卖政策。这两年受印花税上调等影响，澳信业务量有所下滑。直到澳大利亚四大银行不再对海外买家贷款，此前澳信承诺给投资者的"保证贷款"也落空，导致许多投资者没能及时付尾款，损失定金。

Opal tower 和澳信事件虽然影响巨大，但也算是突发的"坑"，但有些"庞氏骗局"在被揭穿之前，"接盘侠"们都不知道更新了多少遍了。

据澳大利亚广播公司（ABC）报道，澳大利亚籍女商人麦克弗森和她的公司 Macro 曾多次在新加坡和马来西亚等地举办房产研讨会，游说投资者把目光放在西澳大利亚，"西澳楼市太火，房价太高，都不用建房子，只要把钱投进去就会滚成大钱赚回来"。她们也表示，投资一定的金额，就能每年享有 17% 至 18% 的回报率。

麦克弗森还拿出了她与前西澳国家党党魁格里尔斯一起录制的视频。格里尔斯在视频中提及，澳大利亚政府计划增加皮尔巴拉地区的人口，并且表示希望能和潜在投资者谈一谈。

这被现场的投资者解读为麦克弗森的投资计划得到了西澳政府的背书，甚至是一个共同投资的项目。ABC 在报道中称，不少马来西亚投资者没受过高等教育，手里的资金也不是很多，就这样进了麦克弗森的圈套，损失惨重。

麦克弗森不断吸收新入场投资者，用他们的资金去作为旧入场投资者的盈利，所谓"拆东墙补西墙"，是典型的庞氏骗局。来自新加坡和马来西亚的 1700 多人被骗了至少 1.1 亿澳元。

三、内外夹击的澳大利亚楼市

2008 年后，主要国家央行进入大放水阶段，水涨船高，各地房价也随着经济的复苏开始上涨。作为全球热门的移民目的地，又是发达国家，澳大利亚房产成为全球投资热点。根据澳大利亚外国投资委员会 2015—2016 年审查报告，房地产行业以 1221 亿澳元位居所有行业之首。

相比日本、新加坡、韩国、中国香港、中国内地等其他亚洲较发达的国家和地区，澳大利亚的房地产市场中，外国人的比例最高。据瑞银报告统计，澳大利亚房地产交易中外国买家所占比率约为 40%，超过了香港 28% 的外国买家比率。

楼市蓬勃发展中诞生的庞氏骗局也带来了部分虚假需求，成为这轮房价上升的催化剂之一。

为了避免高房价过高削弱居民消费力，澳大利亚政府采取措施压低房价，限制外国投资。投资环境趋紧，投资者信心下降，加速离场，带来房价持续走弱。浮华褪去，曾经的经济支柱之一房地产受到巨大打击，澳大利亚偏偏又撞上了全球经济放缓和美联储加息，外部需求下降。真是祸不单行。

近十年来，中澳两国之间的经济纽带越来越紧密，澳大利亚出口铁矿和煤炭到中国，再换回初级工业制成品运回来，这种天然互补的进出口贸易，让中国成为澳大利亚最大的贸易伙伴。

但最近几年中国的增长开始放缓，大规模的供给侧改革和环保限制，清除了钢铁、化工、煤炭等行业过剩的产能，自然就减少了对澳大利亚丰富资源的需求。

被中国经济放缓拖累尚能苟延残喘，真正压垮澳大利亚经济的是美联储的频繁加息。在强加息周期下，美元走强，曾经的"风险货币"澳元开始走弱，全球避险情绪日益上升。

2017 年下半年开始，进入澳大利亚的外国资金渐渐减少。据澳大利亚国立大学的数据，中国买家（企业和个人）2016 年在澳大利亚的投资约为 149 亿澳元，2017 年骤降至 89 亿澳元，2018 年上半年中国对澳大利亚房地产投资申请同比减半。外国人购买住宅房产的数量也在一年之内缩水三倍。

而贷款政策和金融监管的收紧，也让一些慌了神的开发商打起了歪主意。据澳洲财经见闻报道，2018 年 12 月，澳大利亚房贷申请中约有 40% 被拒绝，而前一年 12 月这个比率只有 8%。开发商从银行贷不到款，买房的人也申请不到合适的贷款，一些非银行借贷渠道就有了生长空间，一大批"影子银行"开始疯狂生长。

虽然这些金融机构的贷款利率超过 20%，开发商还是愿意支付，因为对于开发商来说，短期的融资成本在公寓出售的利润面前不值一提。

这造成了澳大利亚开发商趋向于赚快钱，不顾质量和时间，尽快把公寓卖出去，这就是造成 opal tower 悲剧的根本原因。

四、之后呢？

在多重因素共同影响下，澳大利亚楼市在 2018 年开始降温。墨尔本和悉尼是澳大利亚最热门的房产投资地，也是房价跌得最厉害的地方。

据统计，悉尼房价自 2017 年 7 月达到峰值后开始下跌，到 2018 年 11 月跌幅已达 9.5%。墨尔本房价相比 2017 年 11 月的周期性高点已经下跌了 5.8%。一边是越来越高的投资成本，一边是越来越低的热门区域房价。

2019 年，政策没有放松。在全球经济环境放缓之下，澳大利亚的整体房价延续跌势。不过，随着人口迁移和住房库存被消耗，一些人口流入量明显增大的城市反而能更快地从下跌趋势中恢复，成为澳大利亚楼市的新宠儿。

2018 年 8 月底，墨尔本人口正式突破 500 万大关，2017—2018 年的新增人口数跟达尔文整座城市的人口数相当。

悉尼、黄金海岸和珀斯的海滨住宅更是异军突起，据莱坊统计，这三个地方的海滨物业的溢价程度位居全球同类地产前三名。悉尼的海滨物业以高于当地其他房产 89.3% 的价格位居第一。不得不说，悉尼，还是那个全球富豪的悉尼。

第二节
小而美的城市 >>>

澳大利亚有一类城市有一些共同特点：它们不占据新闻头条，不像悉尼和墨尔本那样整天吸引着大众的眼球，但是它们的房价走势却呈现出一种稳步上扬的健康势态。由于其优秀的内在价值，越来越多的投资者现在已经开始关注它们了。

当中的杰出代表，是维多利亚州的两座城市：巴拉瑞特（Ballarat）和本迪戈（Bendigo）。类似的城市还有新威尔士州的卧龙岗（Wollongong），纽卡斯尔（Newcastle）和维州的吉隆（Geelong）。

巴拉瑞特和本迪戈这两座城市的建城和发展都起源于十九世纪中叶的淘金潮时代。由于那时候当地突然发现了大量的金矿，全球各地的淘金者闻讯蜂拥而至，跑来掘金。这两座城市也因此被称为大金山和小金山。采矿业的繁荣带动了城市建设的巨大发展，使得这里的繁荣程度一度超过首府墨尔本。

不过随着可开采金矿的枯竭，除了一小部分居民决定留在这里，其他人都陆陆续续地选择了离开，大小金山因此没落。

目前这两座城市分别是维州第三大和第四大城市，常住人口规模在十万人左右（第二大城市是吉隆，常住人口大概在二十万人左右）。

悉尼和墨尔本依然是澳大利亚最拥挤的城市，每平方公里人口数达到或者超过 400 人，不过让人意外的是，维州第三大城市和第四大城市的人口密度均大于第二大城市吉隆，其中本迪戈每平方公里人口过 300 人；悉尼和墨尔本人口增长都在变缓。悉尼的人口增长率在 2013 年达到顶峰之后逐渐回落，2016 年跌至 3.96%；墨尔本人口增长率 2015 年呈现爆炸式增长，但是 2016 年又骤然降至 2.98%；巴拉瑞特 2014 年和 2015 年均呈现爆炸式增长，其中 2015 年竟然超过首府墨尔本，虽然在 2016 年降至 4.52%，但降幅小于墨尔本，同时在五大城市中人口增长率还是最高的；本迪戈近 5 年呈现稳步上涨趋势，其中 2016 年上升至近 5 年最高水平 4%，表明大众对定居本迪戈的兴趣开始上升；吉隆表现一直比较稳定，近 5 年保持在 2% 以下。

之所以看好这两座城市，主要有以下 4 点理由。

理由一：估值合理，上升空间大

投资最重要的一点就是要买得便宜。同样上涨 100%，房子从 10 万澳元涨到 20 万澳元要比从 100 万澳元涨到 200 万澳元容易得多。目前这两座城市普通房子的平均价格大概在 50 万澳元左右，而墨尔本同样类型的房子大概要 100 万澳元往上。

从统计数据看，这两座城市的人口增长率和人口密度也非常合理健康。这就意味着，这两座城市的房价是有不断流入的人口这个基本面支撑的，上涨并非是无本之源。

而且目前墨尔本的房地产市场，毛租金回报率大多数都在 5% 以下，租金收入基本不能全部涵盖房屋贷款和其他税费开支。

但是 B&B（巴拉瑞特和本迪戈）的房地产市场，毛租金回报率基本都在 7% 左右，个别房产甚至可以高达 10%。那里的房子基本能够实现"自己出首付，租客帮还贷款和其他税费"的理想投资状态。

不要跑去热门区域凑热闹，而是要多在冷门区域做研究。找那些基本面良好，符合上涨逻辑的地区掘金，最重要一点：价格要足够便宜。

理由二：基础设施完善，产业结构合理

B&B 历史上也曾经是"大户人家"，虽然随着淘金潮的结束开始没落，但是瘦死的骆驼比马大，在长达几十年的淘金潮中，城市的基础设施建设得到了发展和完善。

和其他小镇和乡村不同，B&B 的大型医院，大型商场，商业街，从小学到大学的各类学校一应俱全，各项配套基础设施一点都不逊色于首府城市。

与澳大利亚的一些纯矿业城市不同，B&B 虽然是以开金矿起家，但是在金矿落幕后的相当长一段时间内，它们也已经逐步改善了自己的单一产业结构。

目前 B&B 三大产业均有分布，比如澳大利亚第五大银行本迪戈银行总部就坐落于本迪戈；巴拉瑞特在大学边上新建了高科技产业园，期望能转型为一个 IT 城市。一些高科技公司比如 IBM 也有办公室在园区内。

对区域研究时，不要只看它当下的状况，要多看看它的前世。最好的投资标的就是那些曾经辉煌，现在落难，但是未来还有可能东山再起的凤凰。

理由三：交通便利，地理位置优越

按照目前维州火车的速度，从墨尔本市中心坐火车到巴拉瑞特大概需要 1 个半小时，到本迪戈大概需要 2 小时。如果未来到

B&B 可以控制在 1 小时以内，那么这两座城市的吸引力将大大增强。按照最新一年维州政府的基础设施规划，政府确实有计划将这两地的火车线升级。目前从本迪戈直达墨尔本的火车快线就已经被缩短至 1 小时。

要以发展的眼光看区域，多关注最新科技发展，科技对城市改造的力量不容小觑，要选那些最容易收益于高科技应用的区域。

理由四：政府支持，提供一揽子优惠政策

澳大利亚政府目前的施政思路就是鼓励大家搬去中小城市定居，不要都挤在大城市。相应的，政府出台了一系列优惠政策，比如，在附近城镇置业将提供双倍的首次置业补贴。

另外，政府也积极鼓励企业搬去那里建分部，增加当地的工作机会。作为表率，维州政府自己就承诺把一部分政府工作转移至巴拉瑞特，比如维州财政局就有一个办公室坐落于高科技园区。

城市建设一般有两种思路，一种是以 CBD 为中心一圈一圈地往外扩，这种方案最典型的就是北京的环形架构。

另外一种类似于分子结构，中心一个主要城市，外围有一些小的中心城市，然后通过铁路或者公路把各个小城市连起来。这种方案典型的像上海，通过高铁把周边江苏和浙江的中小城市连接起来，共同发展。

这两种方案最大的区别在于环形架构比较费钱，因为一圈一圈地扩出去，每扩一圈都需要在当地重新建设配套基础设施。而分子结构的好处是比较省钱，因为它可以利用当地本身就已经存在的基础设施。

　　资金比较短缺的维州政府采取分子结构思路的可能性比较大。

　　对于经济市场中的超级玩家——政府，研究者一定要研究透它的政策导向和真实意图。有句俗语叫：跟着饕餮有肉吃。选择那些政策收益最大的地区，中外都一样。

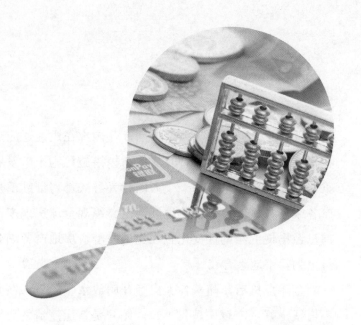

第八章

新冠肺炎疫情下的海外房地产

世界爆发新冠肺炎疫情期间，各国都在迅速适应形势变化，积极应对疫情。疫苗接种及其他防控措施已为未来发展提供了多重保障。展望未来，每一个人的行为方式都将继续演变，对房地产各细分领域的诉求也将继续演变。纵观全球房地产市场，疫情前已经出现的结构性变化正在加速发酵，房地产各细分领域也已经更为紧密地融合在一起。

金融危机后，随着各大央行开闸放水救经济，钱变得越来越不值钱，好资产越来越买不起。尤其是新冠疫情之后，宽松放水的力度有过之而无不及，美国历史上所有印出的美元，有五分之一都是 2020 年这一年创造的。人们手里的钱多，银行也更愿意借贷了，拿着便宜钱去抢购好资产，这是 2020 年之后，全球房地产市场达成的共识。

第一节
日本 》》》

1. 疫情下的日本房地产市场

2020 年，新冠疫情打乱了日本原有的所有计划。3 月首相宣布奥运会延期；4月日本进入史上第一次"紧急事态"；8月日本前首相安倍晋三在成为日本在位时间最长的首相后，突然宣布辞职，由其二把手——时任官房长官的菅义伟接替上任。菅义伟延续了安倍晋三的经济政策，与日本央行一道保持低利率支撑日本国内的市场。

新冠疫情对日本楼市的影响还是非常明显的。2020年第二季度，日本进入了紧急事态，银行、房产中介商等一系列房产相关行业也受影响，所以房产交易锐减，根据日本的统计机构的数据，这期间不动产投资总额比前一年大减57.7%，比金融危机时的打击还要大。

不过，在紧急事态解除之后（5月25日），房产交易量就大幅上涨，第三季度，房产交易总额比前一年大涨42.1%，这个趋势一直延续到年底。

从投资地域的分布来看，2020年前三季度（1—9月），东京都心五区（中央区、港区、新宿区、千代田区、涩谷区）的商业不动产投资总额占到全日本的29%，跟过去相比有所减少。东京都整体的投资占全部投资额的40%，若再加上首都圈的其他三个县（千叶县、埼玉县、神奈川县）的投资额，则全日本的房产投资中有67%在日本的东京圈，大阪为19%，名古屋、福冈和其他地方加起来仅占14%。

日本楼市中，直接受影响的是住宿（酒店、民宿）和商业设施。由于远程办公成为不少公司的出勤选择，东京、大阪都心的办公楼空置率接连上升。但是，严重程度取决于设施的类型。例如，在商业设施中，以商品流通为中心的设施的影响相对小于以服务为中心的设施的影响。此外，即使在以商品为中心的设施中，生活密集型和临近住宅区的食品超市和药店的表现也相当不错。

住宿设施方面，根据帝国数据银行的调查结果显示，截至2020年12月29日，因疫情破产的企业达到了715个，而酒店和旅馆的破产数就有72个。这其中，资产量比较大的就是爱知县的WPB酒店，还有北海道夕张的度假村等，总负债额超过千亿日元。与此同时，日本国土交通省下属观光厅也发布了民宿挂牌数量的统计结果，显示在爱彼迎（Airbnb）等民宿网站上，3—9月这半年间，民宿挂牌数量减少了10%，这是该统计开始至今第一次出现民宿挂牌数量负增长的情况。

相比之下，东京23区的二手住房市场的影响则较小，特别是小户型的公寓或者木造AP（apartment）。除了4月的房价下跌4个百分点，5月开始东京23区的房价回暖，成交量也是两位数百分点回暖，颇有因前期被压抑而后迅猛。

并且在年末时，东京还出现了小公寓类型房产相对短缺的情况。一直追踪首都圈二手房市场成交情况的半官方机构东日本流通机构（REINS）给出了这样的数据统计结果：2020年11月，首都圈二手公寓（排除一户建、一栋楼等其他房产种类）总成交量达到3620件，看起来似乎不比国内北上广深多，但是它却创下了首都圈自1990年5月本机构发布这一数据以来的最高值，与2019年相比，大涨了14%。

整个首都圈仅有3.8万套二手房在售（包括各种户型），而一份研究报告^①也指出，东京 23 区的二手房供应量比新冠疫情之前更短缺。

一是因为整个市场的供需很稳定，大部分房东没有要抛售房屋换取现金的"悲观情绪"，所以供应量的趋势从 2019 年底就开始减少了。还有一个原因：房东惜售。

2. 东京商业地产投资全球第一

根据全球知名房产研究机构 JLL 的信息，东京成为疫情中最抗压的资产选择，成为在全球投资商业不动产的首选。

从具体数字来看，全球商业房地产投资受疫情的影响不算大，总投资额同比下跌 2%，为 34 496 亿日元。其中，东京以 194 亿美元（约为 2 万亿日元）排名首位，大阪则是以 45 亿美元排名第18 位。

在普华永道 2021 年的前瞻总结中写道：海外投资者普遍看好日本的房地产市场。海外投资者主要看中日本资本市场的超低利率、资金进出的灵活性、充足的现金流以及相对独立和充分发展的国内市场。

3. 如果要投资日本，该投资哪里？

日本在 2021 年 1 月 7 日再度进入紧急事态，范围从一开始的仅首都圈扩大到了总共 12 个都道府县。但是，这次的紧急事态并未像 2020 年那样严格，除了餐饮业这些有较高风险的行业被限制营业时间以外，其他行业照旧。

在这个时期，有一些不错的抄底日本房产的机会。因为恐慌，

---

① 这份报告来自长期进行日本二手房数据的分析机构マンションリサーチ株式会社。

或者遇到疫情经营出现问题的人很可能为了盘活现金流而低价卖房。特别像东京、大阪这些大城市，机构持有房产资产的比例是很高的，这些资产为他们的公司营造了强韧的护城河，当遇到现金不足、需要更多资金的时候，就会卖一些资产来"自救"。

建议如下：

长租（公寓）选东京，民宿（一户建）选大阪，情怀选京都。其他地方不考虑。

如果在东京买房只看地段，那么主要选择核心五区（千代田、港区、中央区、新宿区、涩谷区）的房子，东京大学所在的文京区偶尔会被列入东京核心区的范畴。

但是在东京 23 区内，"多极化"趋势越来越鲜明。要选好房一定要事先制定好投资标准。这个标准，要立足于"广度和深度"上。广度是指收益房产选择范围的标准，也就是指：

房产购入价格、回报率、地理位置、到车站的距离、总户数、管理费、修缮储备金的金额等。

这些准则越细，寻找到优质房产的概率就越大。相应的，如果选择标准越宽，找到优质房产的概率就越低。

深度是指，将标准中规定的选择条件设定到具体数值。是 50 万~ 100 万元，还是 100 万元以上？是买一套公寓，还是买一栋楼？另外，距离车站有多久步行距离？步行多久是上限？管理修缮费占到自己的租金多少比例？这些程度性的要求，越细越好。

而在广度和深度两个选项上，广度的取舍决定了深度，所以广度更重要。而这个标准不是从回报率等投资家的角度来看，而是站在租客的角度来看的。毕竟，买下了好房子，后续的房屋出租运营也很重要。

例如，在投资小型公寓时，朝向、拐角房、是不是一楼和附近有无公园等因素其实没有那么重要了。比起这些，房子是否离工作地点或者学校更近，离最近的车站步行距离如何，周边有没有便民生活的配套设施，房租是否适中，这些才是租客优先考虑的因素。大部分日本上班族经常加班，基本上是朝七晚九的生活节奏，所以房屋朝向、日晒足不足其实不会有太大问题，只要不要太潮湿，从而影响居住体验就可以了。

因此，小型投资公寓的"好房标准"如下：

售价低于周边市价

距离车站步行 10 分钟以内（东京市内从车站步行 10 分钟以内的房租都更贵，而 10 分钟以上的房租通常是比较便宜的）

房内设施较新、周边的配套设施齐全

修缮费加管理费总计 1.2 万日元以内

东京 23 区以内靠近有多条（两条以上）电车的车站车站，或者多条路线的终点站，交通方便，更利于出租

第二节
英国 》》》

1. 印花税新政掀起的购房热潮

2020 年 7 月 8 日，英国财政大臣里希·苏纳克（Rishi

Sunak）在 7 月财政预算补充声明中公布了紧急购房印花税新政，临时将交易印花税的起征点从之前的 12.5 万英镑提高到 50 万英镑，直到 2021 年 3 月底。后来政策被延期。也就是说，在 2020 年 7 月 8 日到 2021 年 9 月 30 日期间购买英国房产并成功交房的所有买家都能够省钱，最高能够省下 1.5 万英镑，大概是 13.5 万元人民币左右。

在别的地方都是政府要求开发商打折让利，回馈购房者，但英国却是开发商反过来让政府打折，减少税收刺激市场。

在新政出来之后，刚好又遇上被压抑的购房需求被释放出来了，想要换房子或者是买新房子的买家大量进场。世界最大的建筑协会，同时也是英国主要抵押贷款机构的 nationwide（全英房屋抵押贷款协会）表示，英国 2021 年 6 月房价较去年同期上涨 13.4%，创 16 年来最大涨幅，6 月房价比 5 月高出 0.7%。该机构指出，消费者信心已经回升，而借贷成本仍然很低，加之市场上的房屋供应不足，价格有进一步上升的势头。

2. 英国的稳定性

新冠肺炎疫情之后的全球资产配置扑朔迷离。在这样的局势下，各位投资人需要谨慎。尤其是在经济非常波动的情况下，更多需要考虑的不是投资，而是如何配置个人的资产合理规避风险。

英镑作为全球第三大储备货币，曾经也是世界第一货币，充当了近两百年的国际储备货币，长期来看，它的稳定性是非常好的，虽然短期会受到脱欧谈判、国际局势动荡的影响而下跌，但除非是短炒玩家，短期内的下跌其实反而是一个换汇的窗口期。国际货币的发行国往往能获得额外的国际经济利益与特殊的国际政治权力，包括降低汇兑风险、提高全球购买力、降低赤字压力、维持大规模国际信贷来吸引资金等。在20世纪早期，美元开始逐步崛起的时候，英国在世界经济中的地位不断下降，但英国政府仍然竭力维持英镑的国际化地位，最明显的举措就是1931年成立了英镑区，类似今天欧元区的概念，这些国家之间可以以固定汇率兑换英镑，用一种制度性的方式继承了英镑的全盛期。

英国央行的一份报告统计了过去175年的房价情况，出现明显下跌的只有一次，而且当时是因为工业革命，人们从乡村搬到城市，需要建造更多更小的房屋，导致了大宅子的价格大跌。那个阶段除了需求发生变化，生活面貌也发生了变化。比如出现了城中村、贫民窟，卫生条件变得很差，人均居住面积变小，交通也变得繁忙起来。城市规划自然要改善这些问题，比如多建一些绿化带，设立土地保护区、提高土地利用效率，延迟土地审批时间或者是提高审批条件等。但是这些政策和法律带来的新问题是，土地可利用面积变少了，开发的周期变长了，但是工厂还在开工，城市还在源源不断地吸引人才，就形成了最初的土地供不应求局面。这种重视环保的理念，导致英国在住宅用地的开发上存在客观的不足，令地价明显上涨，涨幅接近房价的两倍。

英国政府的住房政策的核心就是引导更多人选择租赁住房，而不是直接影响房价。以前英国政府是直接大规模建造廉租房，后来是帮助购房者贷款或者提供补贴，同时继续推进租赁政策，让买不起房的人也能选择租房，而不是无限期地排队置业。在这种情况下，最后转化成购房需求的人就是可控的，不会有大量的投机需求涌入市场造成房价泡沫，只会推动房价刚性上涨。在这个过程中，城市化也带来了大量的自然人口增长和移民人口，给价格带来了稳定的支撑。

英国对私人财产权利的保护非常到位。一个尊重私人财产权利的国家，其经济才能稳步地发展。

3. 投资伦敦的重点

投资英美这些成熟的房地产市场，一个原则是：去赌短期的价格涨跌是不足够的，要做长期主义者，去关注长期能够看得见摸得着的租金现金流收益。具体来说就是，投资伦敦，既可以看到未来的稳定涨幅，又可以获得现在就在手里的现金流，是典型的"避风港"资产。

投资伦敦，关注两个重点，城市更新和留学生。

城市更新是过去二十多年伦敦城市发展最大的亮点。首相鲍里斯·约翰逊之前做了八年的伦敦市长，在任期间推动了多个大规模的城市改造和重建计划，许多发展滞后的地区因此焕然一新。

伦敦的城市更新，主要分为两大类，一是曾经的市中心，因为产业搬迁而逐渐变得衰败，通过旧改来重新规划产业格局，形成新的增长模式。

另一类是在伦敦中心区的周边，选择一些地理位置不错但发展相对落后的地方，通过旧改重新促进发展。

总结来看，伦敦旧改的这些地区的房价之所以能够走出一条穿越周期的上涨之路，最关键的原因就是把握了定价权。城市旧改区域的定价权就是看人口是否流入、交通是否跟上、产业是否铺开。产业可以吸引人口，交通可以输送人口。有了这些，经济基本就稳住了。

全球地产咨询公司莱坊报告显示，从 2019 年到 2041 年，东伦敦都将一直是伦敦人口增长最迅猛的地区。最近几年最受瞩目的交通线路肯定就是伊丽莎白线了。它是欧洲建造规模最大的地铁线，全长 42 公里，通车之后，横穿伦敦的时间将被缩短为 45 分钟，从希斯罗机场到伦敦金融城只要 34 分钟。奥运新城斯特拉福，里面的同名地铁站是东伦敦最大的交通枢纽，是 6 条轨道交通的交汇地点，每年输送的乘客超过 1200 万人。但说到底，有没有能够吸引人口的产业，才是最重要的定价权。伦敦经历了三次技术革命，但一直居于世界前列的还是金融产业。在英镑被美元抢走国际储备货币接近一百年之后，伦交所仍然是世界上最繁忙的证券交易所之一。金融定义了伦敦的过去和现在，决定伦敦未来的，还是科技。沿着老金融城往北边走大概半个小时，就能到达伦敦科技城。这里平均每平方公里就有 3200 家高科技企业，是全球第三大高科技产业区。值得一提的是，英国的数字经济占 GDP 比重是全球第一的，达到了 61.2%，而中国才刚过了 30%。

城市更新区都是大批的新房，也是伦敦东西两区最大的不同。西伦敦富人云集，价值稳定但也几乎买不到新房了。东区基本都是旧改后的新房，具有很大的潜力。

除了城市更新，投资伦敦的另一个关注点，就是大量的留学生。学生公寓，是一项能够穿越周期的投资。

留学生到了英国是要找地方住的。与国内大学可以一手包揽全校学生的住宿不一样的是，美国、英国、澳大利亚、日本等国家校园内的学生宿舍床位远远低于实际的学生总人数。这就导致大批学生不得不在校外另寻住处。

学生公寓最主要的特点，就是租房需求群体以学生为主，而且是刚性需求。遇到学校扩招，学生数量变多，但校园内提供的学生公寓数量又有限的时候就是校外学生公寓的春天了。所以学生公寓最喜欢的是学校扩招，最担心的是学校生源下滑，收紧入学门槛。

所以，学生公寓是一种与经济波动相关性较低的投资产品，即使在宏观经济环境恶化的情况下也能带来稳定回报。基于这种独特性，学生公寓这类产品就常常用来分散风险，增加投资组合的多样性。

据英国大学联盟的报告显示，2017—2018 学年，共有 458 490 名国际留学生在英国高等教育机构学习，占英国学生总人数的 19.6%。其中，来自中国内地的留学生人数达到了 10.6 万人，增幅高达 12%。据仲量联行（JLL）的统计，目前英国学生床位存在大量缺口。预计 2019 年到 2030 年全国学生公寓床位需求将达到 50 万张，但新增的床位仅有 14.1 万张，实际床位缺口将近 36 万个。

4. 总结

英国是一个经历了伦敦大火、两次世界大战、石油危机、次贷危机、脱欧风波之后依然屹立不倒的老牌资本主义国家。尤其是英国的金融市场和法律体系，确保了私有产权在这里是更安全、更放心的。

对于青睐伦敦的投资者来说，位于伦敦西一区和西二区富人区的房子，更适合用来保值和作为身份象征，不适合投资。而泰晤士河北岸的东北部地区，尤其是有重大改造项目的区域，投资门槛相对更低，同时能够享受未来基建带来的房价增长。

如果预算不足 30 万英镑，可以考虑英国人口超百万的二线城市——伯明翰、利物浦、曼彻斯特，但要优选市中心，通勤时间 30 分钟内的房子是当地人更喜欢的选择。

学生公寓市场是能够对抗经济衰退的一类房产，尤其是在中国赴英留学人数大幅增加的情况之下，学生公寓供应更加紧缺。

在英国购买房产的贷款条件和大致流程如下：

即使不是英国公民，仍然可以在英国购买房产。如果需要贷款，也是可以申请的。对于非英国公民来说，获得房贷可能会更难，如果满足以下条件，则可以相对更容易获得房贷：

- 在英国居住至少 2 年；
- 在英国有一份固定的工作；
- 有英国的银行账户；
- 良好的英国信用记录……

如果不能满足这些要求，那贷款额度也会随之减少，也就是首付可能上升至房价的 25%。

外国人想要在英国买房，需要经历这 6 步：

- 找到房产经纪人的海外渠道，建立联系；
- 找到并确定想要购买的房产；
- 提出要价；
- 找到律师处理相关法律事宜；
- 支付意向金和首付；
- 完成房屋调查；
- 过户，交房。

第三节
美国 》》》

新冠肺炎疫情冲击经济，政府央行放水救市，有资格进场的人拿着便宜钱滚雪球，没资格的人看着银行账户的数字瑟瑟发抖。

2020 年夏天，英国、美国、加拿大、日本等流动性好的成熟市场，都迎来了楼市热潮。低利率促成了这波全球楼市热潮，并且刺激仍在继续。人们拿着便宜钱，到市场上寻找自己的第一套房，或是卖掉自己在市中心的蜗居到城郊寻觅静谧一隅。

结果在美国人们发现自己"无房可买"，拿着钱却找不到房子。根据全美房地产经纪人协会（NAR）的数据，2020 年 8 月底的住房总库存总计 149 万套，比 7 月份下降 0.7%，比去年同期的 183 万套下降 18.6%。

按照目前的销售速度，要把未售出的库存全部消耗完需要 3 个月，低于 7 月份的 3.1 个月，也低于去年 8 月的 4 个月。

NAR 每年 7 月都会发布的海外买家购房报告中会问买家一个问题："你为什么不决定买美国的住宅？"最高比例的答案总是"无房可买"，并且在 2020 年的报告当中，这一回答的比例还上升了，达到 50%，有一半的海外买家在美国找不到能买的房子。

无房可买，可能是挂牌价超出预算，也可能是房子的位置不对，还可能是房子的类型不对。但无论哪一种，都在说明市场出现了失衡，供应缺失了。在美国，稀缺的库存其实一直是个问题，只不过 2020 年第三季度木材价格的急剧上涨和加州野火造成的木材短缺，让这个问题变得更加严重了。这自然增加了住房的建造成本，同时，需求正在进一步增加，尤其是在那些对在家办公有吸引力的近郊地区，住房需求强劲，但供应却没有，这种失衡不可避免地推高了交易价格。

根据 NAR 的数据，由于每个地区的价格都在上涨，8 月全美全部房屋类型的二手交易价格中位数达到 31 万美元（约 214 万元人民币），较 2019 年 8 月增长了 11.4%，这也是连续第 102 个月出现同比增长。8 月的二手房屋销售增长量更是冲到 600 万套，是 2006 年 12 月以来的最高水平。

狂欢背后，是一次又一次创造历史新低的房贷利率。根据 NAR 的数据，30 年固定抵押贷款利率从 7 月的 3.02% 降至 8 月的 2.94%。然而，会利用低利率的，绝不仅是美国本土的原住民。过去五年以来，现金全款购买美国住宅的海外买家比例逐年降低，从 2016 年的 49% 下降到 2020 年的 39%。与之形成鲜明对比的是，使用美国抵押贷款的比例在上升。除了美国居民，持有绿卡和居留签证的海外买家也可以使用银行贷款，拿便宜钱去投资。这部分海外买家加上那些在本国的海外投资者，在过去一年之中，一共买下了 740 亿美元的美国住宅，购买价格中位数为 314 600 美元（约 214 万元人民币），成交了 15.4 万套二手房，61% 的买家拥有绿卡或者长期居留签证。

这些数据来自 NAR 每年都会发布的《美国住宅国际交易报告》，除了前面的调查结论，还有些结论也值得玩味。

首先，总体的购买金额比前一年下降了 5%，并且连续四年都在下降。这段下降周期伴随着中美的加速脱钩、中国加强外汇管制、强美元以及对国内外买家都有影响的低库存。同时，成交的二手房数量锐减，比前一个统计周期大跌了16%。

另外，中国买家仍然是最大的买家，然而在前五大买家中，中国也是唯一购买总数出现下降的，而且是购买的单位数量和平均价格都在下降。没有美国居留资格的中国买家减少得最为明显，从一年前的占比40%跌到2020年的30%。

在增加的买家当中，哥伦比亚超过英国，首次冲入前五。但其实哥伦比亚的占比并不高，只有1.3%。虽然在下降，但是投资美国的海外买家来源基本是稳的，中国还是稳稳的第一，比第二名的加拿大多出20亿美元。在购买的价格上，中国仍然是第一。这是因为中国买家最喜欢的地区还是加州，均价贵，并且人民币汇率在走强，中国买家有机会买到更高价格的住宅。而且与十年前相比，中国买家购买美国住宅的价格中位数从32万美元增长到45万美元，十年间增长了40%。印度裔的购买力正在明显提升，与中国买家之间的差距已经非常小了。

NAR这份报告还有一个非常重要的数据，就是拿全美的大都市圈房价跟全球的主要城市做对比。比如，就每平方米单价而言，美国最贵的都市圈，圣荷西—圣克拉拉都市圈也才8000美元一平方米，大概是5.6万人民币左右，要是跟全球主要城市来比，只能排到13名，在意大利的罗马之后。全球最贵的城市香港的每平方米单价达到2.8万美元，是圣荷西都市圈的3.5倍。上海全球排名第七，每平方米单价是圣荷西都市圈的1.5倍。菲律宾首都大马尼拉的每平方米单价在全球主要城市中排名第20位，但3952美元一平方米的水平已经是圣荷西都市圈的一半了。到底是马尼拉贵了，还是圣荷西便宜呢？

总体来看，美国住宅仍然对中国买家最具吸引力，他们卖得更多也更贵，选择停留在加州、得州、纽约这些传统的聚居地和热门投资地，分享当地金融、科技发展外溢的红利，也满足了自己的养老、度假、留学等需求。最重要的是，在不确定性加剧的背景下，多添置一些美元资产，把握现金流，总是有价值的。

第四节
扛过滞胀危机的不动产配置建议 》》》

1. 滞胀风险

黄金涨疯了。要想明白黄金价格暴涨背后的逻辑，最关键的一点是要认识到黄金是一种非生息资产。非生息资产，对应的是会产生利息的资产，比如存款或者股市等。换句话说，衡量利息的实际利率，就是购买黄金的机会成本。巧合的是，金价暴涨的这段时间里，实际利率就一直升不起来。

2020 年的新冠肺炎疫情和战争阴霾加大了全球经济的下行压力。然而，经济的自由落体是最糟糕的情况。各国政府一定会尽全力避免，比如央行宽松，财政扶持，帮助人们渡过难关。这也不是黄金价格第一次受到经济刺激计划的"帮助"。从 2008 年12 月至 2011 年 6 月，美联储购买了 2.3 万亿美元国债，并将借贷利率维持在接近零水平以支撑经济增长，帮助推动金价在 2011

年 9 月升至 1921.17 美元的纪录高位。

实际利率等于名义利率减去通货膨胀率，它的下降意味着通货膨胀在上升。但过去十年，一个最大的经济运行特征就是，大放水并不一定带来大通胀。所以，当下的更多是一种通货膨胀的预期在上升。

监测通货膨胀预期的常用指标 BEI（Breakevens Inflation rate）显示，投资者对未来 10 年的通胀预期连续走高。美国新一轮刺激计划问世，又是给个人发钱，给企业减税的传统放水方式，通膨预期会继续涨。

更可怕的是，即使在疫情导致的封锁期间，通货膨胀也是在上升的。这可能会颠覆不少人的认知。这是伦敦政治经济学院经济学教授泽维尔·贾拉韦尔（Xavier Jaravel）最新发布的研究。他们基于实时通胀测量数据模板的结果显示，普遍的通货膨胀即使在产出下降时也能被观察到，说明存在滞胀的风险。在滞胀风暴来临之际，能够保值的资产从未变得如此重要。

2. 货币贬值

金价暴涨除了预示滞胀风险外，还伴随着一个少有的现象。新冠肺炎疫情以来，全球股市、债市、楼市、原油价格、贵金属价格、新兴经济体的货币汇率等，统统都在涨。就连静寂许久的比特币也在涨，一场狂欢的盛宴。全球大放水竞赛，热钱不仅推高了资产价格，也将在未来推高通胀。买不起的东西会更加买不起，因为第一，钱更不值钱了。第二，价格更贵了。现在要去买你买不到的东西。这个"买不到"，除了购买资格以外，还有对资产的认知——分散配置、复制周期、放大红利、追求自由。

现在想要去买海外的资产对冲风险，保值是基本要求，除了黄金就是房子了。如果在保值的基础上，不动产的地段乃至整座城市在未来还能带来明显的增值，就是扛过这轮全球大放水甚至是滞胀危机的最佳选择。有一座城市就能做到这一点。它就是菲律宾首都，大马尼拉地区。

中国人喜欢买房。但国内总是有很多限制。那么中国人到了海外，最惯性的思维就是去找一个投资价值跟中国城市非常像，但自由度更高的国际城市。什么是当下中国城市的投资价值呢？就是通过基建和产业，疯狂吸引周边人口的都市圈。都市圈的崛起，是中国和东南亚一起在当下共振的巨变。

大马尼拉地区是菲律宾首都，也是菲律宾最大的城市，虹吸效应明显。在有限的地方大规模建设低层排屋并不实际，拥有更高容积率的公寓，才是马尼拉未来住房规划的重点。还有马尼拉的主要产业之一，服务外包业（BPO），虽然在疫情期间受到冲击，但低成本的优势依然没变。既承接了中西方制造业转移的红利，又成为服务业转移的中心，这也是马尼拉区别于其他东南亚主要城市的最大特点。

大马尼拉地区重启之前进行得如火如荼的"大建特建"计划。除了发电站、桥梁、高速公路等大项目以外，轻轨的建造进程也很重要。因为它能以最高效率激活区域间的人员流动、资金流动和信息流动，把房价较高的区域的优势延伸到仍然是价值洼地的区域。

3. 马尼拉配置建议

至于在马尼拉买什么，因为疫情的冲击余波仍未散去，确实需要好好思考。一个建议是，选择那些租客来源于公用事业的现房公寓。疫情之下，失业率上升，但类似医院、政府部门、媒体、学校、能源等公用事业部门，在经济重启阶段一定是缺人干活的，至少裁员的幅度要远低于私企。这样一来，起码在经济重启阶段，这部分租房需求是没有消失的。其次，现房能够更快获得收益，并且一次锁定价格，不怕未来的汇率变动。

综上所述，学生公寓或许是最大赢家。因为只要城市不再进入封锁阶段，学生们就一定会按照原来的节奏上学，而东南亚地区是没有宿舍这一设计的，学生们必须自己找房子居住或者租房。这个需求相对而言，甚至可以认为是当下最有力的刚性需求。

在一个资产价格和通胀双双上涨，而经济指标却萎靡不振的滞胀时代，抱着现金和存款是没有用的。越是不确定性遍布的时候，越是需要提高认知，主动出击寻找确定性的机遇。

第五节
后疫情时代的投资建议 》》》

1.2020 很意外，2021 很艰难

2021 年难在哪里？第一难，个人的财富风险在上升。不同寻常的事连续发生：

（1）债券爆雷，永煤控股、紫光集团违约，这些本都是安全等级很高的国企。

（2）多家银行安全性颇高的 R2 级理财产品出现了亏损，包

括工行、平安、招行、建行等，"理财净值跌破本金"。

（3）出现了罕见的银行破产案例（包商银行）。

爆雷现象这几年相继发生，它们有个很清晰的演进路线，就是从外围到核心，从高风险产品向大家印象里的安全资产延伸。先是P2P爆雷，然后是私募，再然后是原本刚兑的信托，再到安全性很高的银行理财产品。先是民企债券，再延伸到国企债券。这背后是金融业发生的一个本质变化：打破刚兑。刚兑全称是刚性兑付，意思是不管发生什么情况（刚性），都按说好的收益付给你（兑付），保本保息。过去很长一段时间里，为了保持金融稳定，经济整体情况也比较好，刚兑被应用到很多领域，有的金融产品即使亏损了，机构或政府也出面掏钱补上窟窿，投资者不会亏。但经济下行，刚兑不可能一直持续下去。管理层的态度就是该爆的雷就让它爆。打破刚兑的行动一直向纵深推进，规模也在放大。接下来的产品爆雷，肯定会更向纵深发展。

对普通人来说，理财环境发生了本质变化。中国人将彻底告别轻松获取10%年收益的时代。客观说，以前只要不乱买金融产品，不乱炒股，只买理财产品和房产，基本不会亏钱。理财收益加上房产涨幅，能持续达到10%的年收益。打破刚兑背景下，现在真正保本的只有这几类：本金和利息之和在50万以内的银行存款、券商收益凭证、储蓄险。其他理财产品不能再做无风险的对待了。而内地的房产，最近三年真正涨的并不多，2020年如果不是因为疫情后的放水，北京、上海等一线城市甚至还在跌。

第二难，通货膨胀和资产泡沫的威胁。通货膨胀是财富最大的隐形杀手。资产待在那里不动不增值，就会因为通胀而持续缩水。通胀主要源于货币超发。巴菲特说："每隔十年左右，乌云就会笼罩在经济的上空，随后便会下起金子雨。"其实就是印钞机启动了。

海通证券分析师姜超曾总结，疫情危机和经济衰退发生后，各国有三种选择。第一，让富人承担损失。加大征税力度，让富人多缴税来帮助穷人。但是疫情之下增加税收可能会让经济雪上加霜。第二，让穷人承担损失。经济不好，政府也没有钱，干脆就少花钱，让普通人自己去熬。第三，政府出面借钱，给穷人去花，而且政府借钱也不找富人，而是直接向央行借，本质是印钞放水。于是穷人有钱花，富人也不用去掏钱，皆大欢喜。最快捷最容易的显然是第三种。于是各国不约而同都走上了大印钞大放水的路。美联储史无前例地宣称放水无限量，各国也竞相跟上。这次大放水比2008年有过之而无不及。疯狂印钞的后果很严重。印出来的钱如果跑到实体经济或消费领域，就会引起物价飞涨、通货膨胀。钱如果跑到资本市场、金融领域，就会催生股市楼市大涨，形成资产泡沫。通货膨胀造成普遍性的货币贬值，财富缩水。资产泡沫则造成重新洗牌，财富分化。持有相应股票房产的人享受到了上涨的红利，他们身价暴增。这次全球大印钞大放水一开始，各种资产都疯涨。

美股创下新高，如果抹掉3月那段时间，若干年后没有人会注意到它曾发生了史无前例的4次熔断。美国房产在大放水之下大涨，幅度达到14.8%。英国、日本等地的房产都表现不错。各国印钞放水发出来的钱在找出路。但能享受到大放水红利的人是少数，受益的是手握资产者，没有入局的人被时代抛在后面，成为贫富分化中的弱者。根据牛津经济研究院的研究，美国从 2020年 3 月 18 日到 5 月 19 日之间，600 多位亿万富豪的总资产增加了 4345 亿美元。而几乎同期，美国工人损失了 1.3 万亿美元的收入，平均每人损失近 8900 美元。普通人面临的两种处境，要么是通货膨胀财富缩水，要么是资产泡沫，财富被重新洗牌。当然极少数普通人有第三种选择——抓住了资产上涨的机会，享受到大放水时代超额红利。

第三难，美国大选的冲击。拜登获胜，民主党上台，民主党的政策基调就是扩大福利，搞财政刺激，这势必会增加财政赤字，推高通胀。拜登组阁找的人选发出很明显的信号。财政部长耶伦，前美联储主席，美国过去 10 年量化宽松具体操作的执行者。拜登"经济天团"的两名核心人物——管理和预算委员办公室主任提名人选尼拉·坦登（Neera Tanden）、经济顾问委员会高级经济学家希瑟·鲍希（Heather Boushey），两人的核心观点是：面对新冠疫情带来的经济冲击，债务和赤字不构成风险，政策制定者应该把对赤字的担忧放在一边。这就是无限量放水的意思。2021年主要国家的印钞放水不会放松，很多专业人士认为，长达 10 多年的低通胀要逆转了，摩根士丹利（Morgan Stanley）发表观点：消失的通胀，终将归来。拜登当选的冲击不仅在通胀压力上，还有更厉害的地方。

拜登的施政纲要可概括为三个关键词：入群，抢人，基建。

1）入群

与特朗普孤立主义、频频退群（退出国际组织和协议）不同，拜登倾向于同盟友合作。

2）抢人

源源不断地吸纳全世界优秀人才，是美国的核心竞争力。民主党一直有人才全球化的理念，对移民申请宽松，对有色族裔宽容，共和党则更强调白人优先。特朗普拒绝移民的理由是会抢美国人的工作机会，拜登接纳移民的理由是让本土有足够多廉价的劳动力，帮助美国制造业回流，制造更多就业机会。拜登竞选时强硬表示将美国工人放在第一位，采购美国商品来完成政府订单，并对中国的贸易做法采取强硬立场。

3）基建

拜登计划投入上万亿美元搞基建。美国会不会再出现一个"罗斯福新政"？现在去美国的人会感觉到机场港口公路都比较旧，基础设施几十年没有更新，特朗普抱怨说美国的基建像第三世界的国家。拜登瞄准的基建内容，除了传统的公路铁路桥梁机场，还特意强调了智慧城市、网络、新能源等。这与中国重点发力的新基建很相像，两个大国在同一频道开始竞争。美国的基建不可小觑，历史上每一次大搞基建，都迎来蜕变。1990 年克林顿提出"复兴美国的设想"："50 年代在全美建立的高速公路网，使美国在以后的 20 年取得了前所未有的发展。为了使美国再度繁荣，就要建设 21 世纪的'道路'。"这就是大名鼎鼎的美国"信息高速公路"计划，给美国在高科技及互联网领域称霸世界奠定了基础，谷歌、亚马逊等一众互联网巨头就是在此基础上诞生。此次大选，白宫重回建制派手中，美国的走向，中美关系的走向，全球格局的走向重新回到可预测、有确定性的轨道上。通常确定性比不确定性好，但如果是坏结果、负效应的确定性，则未必。

拜登带来的压力很可能就是这样。

2. 这是最坏的时代，这是最好的时代

这是最坏的时代，这是最好的时代。在困境中有机会。最大的机会，藏在中国战略转向里。除了外循环向内循环转向，还有一个重要的变化，就是中国核心资产的大转移。之前的核心资产无疑是房地产，它是拉动中国经济发展的一个引擎，也是承载中国人财富的最大蓄水池。但现在的情况开始变化，首先是房价泡沫不小，中国的房子放到全世界来看，都不便宜，从表8-1可以看到，中国一线城市的房价排在全球前列。

表 8-1　2019 年全球房价排名

排　　名	城　　市	交易均价（美元）
1	中国香港	1 254 442
2	慕尼黑	1 000 000
3	新加坡	915 601
4	上海	905 834
5	深圳	783 855
6	北京	763 498
7	温哥华	754 617
8	洛杉矶	717 583
9	巴黎	650 555
10	纽约	649 026
11	伦敦	624 225
12	多伦多	617 942
13	柏林	533 333
14	孟买	504 785
15	悉尼	492 269

注：数据来源国际研究机构世邦魏理仕（CBRE）《全球生活报告》，按市中心单套交易均价排行。

更重要的是，房地产的黑洞效应，把所有的钱和资源都往里面吸，而不能流到实体经济，再继续下去会重蹈日本的覆辙，整个国家被房地产绑架。任何一个大国都不可能靠房地产来完成崛起，因此，中国在加紧核心资产的转移。未来的核心资产是什么？很明显，是高科技、现代制造业和服务业。房地产推动中国从低收入国家迈向中等收入国家，下一步，从中等收入国家迈向高收入强国，只有靠科技创新和产业升级才能实现。要让核心资产转移顺利进行，只有降低房产的财富效应，否则钱和资源还是会往里面涌。房地产的宿命是由超级印钞机变回普通资产。从这点来看，严控楼市、严控房价不是一个短期行为，而是长期战略。

想买的地方买不到，买得到的地方不想买。这是当下楼市投资令人纠结之处。楼市逻辑彻底变化。已过了闭眼买房的阶段，但并不是没有机会。最大的机会同样与核心资产转移有关。新核心资产是大国重器，也是资产之王，它能吸引大量的高端人才和资源进入，成为所在区域腾飞的引擎。从目前来看，新核心资产的布局未必在传统的政治中心和经济中心，即使在一二线城市，也可能是在价值有待重估的城郊。这慢慢地跟美国有点相像。美国房产均价最高的地方，不是金融大佬聚集的经济中心纽约，也不是明星如云的娱乐中心洛杉矶，而是硅谷。硅谷所在的圣克拉拉谷地集中了美国的核心资产——一系列高科技巨头和创新型企业，人均产值和收入极高，也把房价抬到全美第一。它不属于传统的大城市，打破了原有的城市格局。中国最大的房产投资机会，就是寻找中国的圣克拉拉谷地在哪里。华为搬到东莞松山湖后，当地的房价迅速与深圳接轨。北京科技互联网巨头的两波迁移，一是迁到亦庄，一是迁到望京，都大大加快了当地房价的上升速度。杭州阿里旁边的未来科技城，也被视为最具投资价值之地。高科技人才的收入，平均来说高于金融界，科技中心的房价长远来说不会低于金融中心。这是一个比较明确的线索，盯着科技互联网巨头的动向，跟着核心科技产业走，寻找中国的下一个圣克拉拉，一定会有超额回报。

3. 理性的投资者夜夜安枕

理性的投资者夜夜安枕。这句话是讲危与机并存下的应对。有三个关键点：

（1）无脑投资、闭眼买的阶段过去了。

（2）但机会仍很多，稳定获取10%左右年收益仍有办法，但必须谋划。

（3）在打破刚兑、爆雷频繁的背景下，建议普通人只买三种资产：房产、基金、保险。

全世界的房产从长期看都是上涨的，但要精选；基金是获取超额收益的关键，组合得当能够稳定获得8%～10%的年化收益；保险是家庭的安全屏障，能保证在遭遇重大风险时让生活质量以及子女教育、家人养老不受影响。

用基金和房产去进攻，抓住中国战略转型以及经济宽松政策的红利，用保险来防守，对冲任何意外和风险都可能发生的这个诡异的时代。不为错失机会而后悔，不为不确定性而担心，理性的投资者夜夜安枕。

第九章

海外买房问答

问：外国人买房看重房屋朝向吗？

答： 在北半球买房，绝大多数地区的人都喜欢朝南的房子。因为阳光充足，还通风。但外国人并不非常注重朝向，可能更担心租金贵不贵。在外国人看来，他们更注重自己能够看到哪些景观。所以，国外的服务式公寓配备游泳池、花园、公共景观带等设施是标配。在转角位的单位，因为能看到更为广阔的景观，价格一般也会比同楼层的其他单位要高。另外，窗户朝向是否利于采光和通风，也非常关键。尤其是在东南亚等热带地区，通风条件好、采光充足，景观丰富的房子，一般很好租也好卖。

问：海外的房子，应该选择包租还是托管？

答： 一句话概括，包租是固定收益，托管是浮动收益。最省心省力，但收益没那么高的一种方式，叫做包租，也就是代理商或者是包租公司承诺未来几年提供固定比例的租金回报，省去了找租客的风险。托管分为短租和长租。短租的话租金高，运营成本也高，收益稳定性较差。不过，其实最终到手里的收益，包租和托管并不会相差太多，因为基本上都是让第三方去寻找租金，只是包租付出的时间等成本相对比较低而已。

问：持有海外房产有哪些成本？

答：持有绝大多数地区的房产，都需要交物业管理费。费用标准各地而异，但一些中高端公寓因为游泳池、健身房、空中吧台等服务配套，物管费一般会高于普通公寓。除了物管费和房产税，各个地方还有一些其他的持有成本。例如欧美需要强制给房屋上保险，欧洲国家则是因为政府的管控，租金也要交税。东南亚地区则因为租赁市场太火爆，把房子交给当地机构托管的话，能更好地获取租金现金流，所以托管费也是一笔不可或缺的成本。

问：外国人买房难吗？

答：中国首都北京，买一套房需要 44 年的收入。泰国首都曼谷，需要 22 年。英国首都伦敦，需要 20 年。法国首都巴黎，需要 18 年。伊朗首都德黑兰，需要 15 年。日本首都东京，需要 13 年。马来西亚首都吉隆坡，需要 10 年。加拿大首都渥太华，需要 5 年。美国首都华盛顿，需要 5 年。

问：海外买房最忌讳的事？

答：第一，切忌盲目比较。如果把目光落到整座城市，就容易弄不清楚自己"最想买哪里"。即便是同一个城市的两个项目，所满足的都可能是两种截然相反的需求。不清楚当地人的生活习惯、工作地点、消遣去处，就很容易买到收益性较差的区域。第二，切忌一次要太多。海外买房，可能是为了投资、养老、教育、医疗、旅游等，但并不是所有区域都能同时满足这些需求。同时，在当地考察之前，就应该清楚自己"最想要什么"，增加这些指标的权重，省去了解其他情况的成本。第三，切忌因小失大。例如在影响收益的因素方面，汇率的变动比房价变动要剧烈得多，如果仅仅关注房价的涨跌，而错过了汇率下跌所创造的入手机会，损失可能比房价下跌更大。

问：旅游房产可以买吗？

答：购买旅游地产，除了好山好水，更重要的是要有相关的优质配套。这样才能在旅游淡季仍然能找到租客和接手房产的人。而相比起自然形成的山水，优质配套更依赖于当地的经济发展水平和发展规划。因此，发达国家的旅游地产是可以放心投的。具体来说，比如美国的佛州，澳大利亚的黄金海岸，法国的迪士尼。这些才是旅游地产的经典投资地，它们的玩法和回报是经过时间检验的。尤其是法国，作为全球第一旅游大国，旅游地产巨头更是直接跟政府合作，把房产打造成一款稳定收益的理财产品。

问：外国的公寓类型怎么分？

答：国外的公寓分为共管式公寓（condo）和服务式公寓（apartment）。两种公寓最大的区别在于产权不同。共管公寓顾名思义，共同管理的公寓，产权也是独立的。服务公寓则是由开发商或者地主将产权租出去，属于租赁产权。两种公寓都可以免费使用游泳池、健身房、公共会客厅等设施，但共管公寓因为是共同管理，业主需要多交一笔给社区业主协会的钱（HOA）。服务公寓的服务设施更多，所以业主还要为类似无线网络、天然气和电力等资源多交一笔钱。

问：如何评估当地人的购买能力？

答：当地人会不会买，这是需求；买不买得起，这是收入和金融条件。投资者主要看这两项就可以了。如何判断需求？看具体到区域的询盘量和询盘价格，也可以看区域的租赁市场。当租房的支出比买房的月供还高的时候，不少租客就会转而买房。如何判断收入？除了简单参照各地区的房价收入比，还可以查询当地的工资增长情况。如果要观察特定群体的收入情况，记得要看有五年以上工作经验的当地中产。另外，当地的贷款条件和税收规则也是影响购房能力的重要因素。

问：外国人也迷恋学区房吗？

答：在海外，对于公立学校来说，同样适用就近入学原则，住得离学校近，那就可以到这所学校上学，没有深度绑定的关系。但如果作为业主，出租给这所学校的学生，那关系就大了。因为欧美乃至东南亚地区，一般学校都不具备足够的宿舍，学生都要自己找公寓住。所以临近学校的公寓很好租。在海外选购学生公寓，要注意三点：第一，选择多居室。学生们一般需要控制支出，多人合租的户型更容易出租；第二，发达地区选翻新房，发展中地区选新房，尽可能降低你的持有成本；第三，如果是国际学校附近的公寓，还要关注其他配套，方便以后转手。

问：换汇该看哪一个价格？

答：海外买房，投资者一定会碰到现汇买入价、卖出价和现钞买入价、卖出价，甚至还有个中间价。搞不懂的话，也是会给投资带来麻烦的。银行把外汇卖出去，适用的价格就叫现汇卖出价，买回来就是买入价。同一银行卖出价必定大于买入价，因为要赚取服务费。把这个过程的外汇换成现钞，就是现钞买入价和卖出价。因为现钞周转的成本高于外汇，所以现钞的买卖价格都会高于现汇的买卖价格。中间价则是外汇买卖价格的平均数，是人民币在外汇市场上的基准价格。

问：为什么海外的精装修不等于拎包入住？

答： 在海外买房的热门地区，是没有精装修这个概念的。这些地区的新房，交付时都是默认装修好的。但是这并不等于可以直接拎包入住。新房所包含的装修，只是硬装，也就是房间里不可移动的部分。电器也一般只有厨房里的固定电器。其他例如冰箱、洗衣机、空调等家电都是没有的，需要房东或租客自行购买。一般开发商也会把必要家电打包成一个家电包出售给需要的业主。